lonely planet

W0291483

STOCKHOLM
EN QUELQUES JOURS

Becky Ohlsen

Dans ce guide

L'essentiel

Pour aller droit au but et découvrir la ville en un clin d'œil.

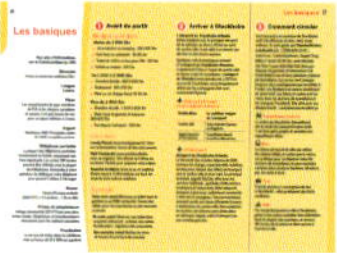

Les basiques
À savoir avant de partir

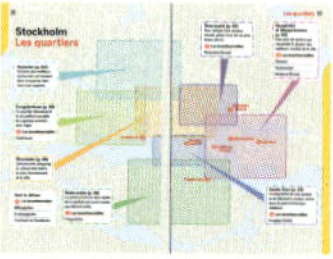

Les quartiers
Se repérer

Explorer Stockholm

Sites et adresses quartier par quartier.

Les incontournables
Pour tirer le meilleur parti de votre visite

100% Stockholm
Vivre comme un habitant

Stockholm selon ses envies

Les meilleures choses à voir, à faire, à tester…

Les plus belles balades
Découvrir la ville à pied

Envie de…
Le meilleur de Stockholm

Carnet pratique

Trucs et astuces pour réussir votre séjour.

Hébergement
Une sélection d'hôtels

Transports et infos pratiques

Notre sélection de lieux et d'adresses

- Voir
- Se restaurer
- Prendre un verre
- Sortir
- Shopping

Légende des symboles

- Numéro de téléphone
- Horaires d'ouverture
- Parking
- Non-fumeurs
- Accès Internet
- Wi-Fi
- Végétarien
- Menu en anglais
- Familles bienvenues
- Animaux acceptés
- Bus
- Ferry
- Métro
- Tram
- Train

Retrouvez facilement chaque adresse sur les plans de quartiers

Stockholm En quelques jours

Les guides En quelques jours édités par Lonely Planet sont conçus pour vous amener au cœur d'une ville.
Vous y trouverez tous les sites à ne pas manquer, ainsi que des conseils pour profiter de chacune de vos visites.
Nous avons divisé la ville en quartiers, accompagnés de plans clairs pour un repérage facile. Nos auteurs expérimentés ont déniché les meilleures adresses dans chaque ville : restaurants, boutiques, bars et clubs...
Et pour aller plus loin, découvrez les endroits les plus insolites et authentiques de la capitale suédoise dans les pages "100% Stockholm".
Ce guide contient également tous les conseils pratiques pour éviter les casse-têtes : itinéraires pour visites courtes, moyens de transport, montant des pourboires, etc.
Grâce à toutes ces infos, soyez sûr de passer un séjour mémorable.

Notre engagement

Les auteurs Lonely Planet visitent en personne, pour chaque édition, les lieux dont ils s'appliquent à faire un compte-rendu précis. Ils ne bénéficient en aucun cas de rétribution ou de réduction de prix en échange de leurs commentaires.

L'essentiel 7

Explorer Stockholm 21

Vaut le détour :

Stockholm selon ses envies 125

Les plus belles balades

Envie de...

Carnet pratique 145

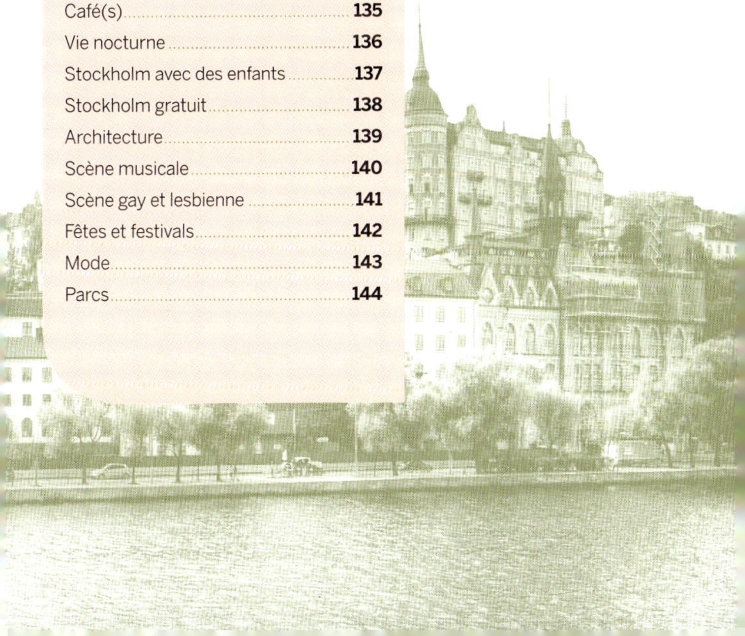

L'essentiel

Bienvenue à Stockholm

L'élégante capitale suédoise a visiblement tout pour plaire. La vieille ville colorée, Gamla Stan, semble tout droit sortie d'un conte de fées, tandis que la ville moderne est un haut lieu de la mode et de la gastronomie. En périphérie, les palais royaux bordent des lacs, et de petites maisons rouges parsèment les îles balayées par les vents.

Gamla Stan (p. 22)
DESEO / GETTY IMAGES ©

Stockholm
Les incontournables

Skansen (p. 52)

Ce musée en plein air est une sorte de Suède en miniature. Un zoo, des habitations traditionnelles, un atelier de souffleurs de verre, des concerts : voilà quelques-unes des nombreuses surprises que vous réserve Skansen.

Vasamuseet (p. 56)

Ce musée très prisé raconte le voyage inaugural et la longue restauration du *Vasa*, un imposant vaisseau de guerre de la Couronne suédoise qui sombra au fond de la mer quelques minutes après son départ.

Kungliga Slottet (p. 24)

L'impressionnant palais royal de Stockholm abrite de somptueux intérieurs baroques et rococo. Les visites guidées vous feront découvrir l'histoire suédoise de manière ludique.

Archipel de Stockholm (p. 120)

Un circuit en bateau parmi les milliers d'îles rocheuses de l'archipel est une expérience inoubliable en été. Si vous avez un peu de temps, vous pouvez même envisager d'y passer une nuit.

Drottningholm (p. 108)

Les excellentes visites guidées de ce palais d'inspiration Renaissance offrent une plongée au cœur de la royauté suédoise, et les jardins qui l'entourent sont charmants. En été, s'y rendre en bateau permet de jouir d'une vue imprenable sur le site.

Millesgården (p. 96)

La résidence et l'atelier où vécut le sculpteur suédois Carl Milles est une œuvre d'art, avec sa belle maison aux allures de villa romaine, sa galerie moderne et ses jardins émaillés de magnifiques sculptures.

Historiska Museet (p. 84)

Ce passionnant musée couvre 10 000 ans d'histoire suédoise. Les nombreux objets d'époque et les installations multimédia permettent de recréer l'époque viking ; trésors pillés et batailles médiévales sont au programme.

Moderna Museet (p. 58)

Collection internationale dans un fabuleux bâtiment, le Moderna est un incontournable des amateurs d'art. L'endroit accueille aussi une excellente librairie, un restaurant primé et de très bonnes expositions temporaires.

Fotografiska (p. 70)

Logé dans un immense et élégant bâtiment de style Art nouveau, ce musée propose des expositions de grande qualité. Un lieu branché qui surplombe la mer et recèle aussi un très beau café.

Stadshuset (p. 100)

On ne présente plus ce monument emblématique de Stockholm, avec sa façade en brique surplombant l'eau. À l'intérieur se cachent l'étincelante Salle dorée, ornée de fresques du prince Eugène, et la salle qui accueille chaque année le banquet du prix Nobel.

100% Stockholm
Vivre comme un habitant

Conseils d'initiés pour découvrir le vrai Stockholm

Certes vous ne voulez pas manquer les incontournables, mais il est aussi essentiel de découvrir à quoi ressemble la vie des Stockholmois. Soyez-en sûr, vous n'échapperez pas à un après-midi shopping.

Shopping à Norrmalm (p. 38)

▶ Boutiques de mode pointue
▶ Architecture magnifique

Artisanat suédois, objets en cristal, matériel de plein air ou vêtements de créateurs d'avant-garde ; on trouve de tout dans les étincelantes boutiques de Norrmalm.

Escapade à Djurgården (p. 60)

▶ Sentiers paisibles
▶ Espaces verts

Même s'il suffit de traverser un pont depuis le cœur de la ville pour l'atteindre, Djurgården est une paisible oasis de verdure. L'île, en grande partie boisée, est entrelacée de champs et de chemins où l'on croise joggeurs et promeneurs.

Tournée des bars à Södermalm (p. 72)

▶ Bars pleins de charme
▶ Ambiance bohème et décontractée

Södermalm est le quartier bobo de la capitale, où il est agréable de prendre un verre le soir. Bars à cocktails ultrachics, pubs à l'ancienne ou établissements en sous-sol, il y en a pour tous les goûts.

Opulent Östermalm (p. 86)

▶ Délices culinaires
▶ Édifices et boulevards élégants

Dans ce quartier huppé mais animé, on pourra faire du lèche-vitrines, s'offrir un repas divin ou un cocktail élaboré, trouver des vêtements de créateurs ou simplement flâner dans une rue bordée de magnifiques bâtiments anciens.

Musées de Gärdet et Ladugårdsgärdet (p. 94)

▶ Excellents musées
▶ Cadre arboré

Quelques-uns des meilleurs musées de Stockholm, en particulier pour les familles, sont situés dans ce beau quartier verdoyant, qui offre également une vue superbe sur la ville.

Djurgården (p. 60)

Le shopping bat son plein à Norrmalm (p. 38)

Autres lieux pour vivre le Stockholm des habitants :

Ça swingue à Stampen (p. 34)

Seconde main de premier ordre (p. 81)

Spécial thé (p. 91)

Cocktails chics et choc (p. 92)

Livres anciens (p. 93)

Rues gourmandes (p. 105)

Sous les pavés, la plage (p. 107)

Au vert (p. 116)

Café d'autrefois (p. 119)

Stockholm en 4 jours

1er jour

Partez de bonne heure pour éviter la foule à Gamla Stan. Offrez-vous un café et une pâtisserie avant de faire la queue pour une visite guidée du palais royal, le **Kungliga Slottet** (p. 24). Votre billet vous donnera accès à trois autres musées (le Museum Tre Kronor, dédié au château médiéval de Stockholm, la salle du Trésor et le musée des Antiquités de Gustave III ou Antikmuseum), qui méritent tous un détour. Comptez deux ou trois heures pour tout voir.

Déjeunez ensuite d'un buffet végétarien à l'**Hermitage** (p. 33). Faites une promenade digestive de Gamla Stan à Norrbro et longez la mer jusqu'à la passerelle appelée Skeppsholmsbron, qui mène à l'île de Skeppsholmen. Ici, vous pourrez visiter le **Moderna Museet** (p. 58), dédié à l'art contemporain, avant d'aller admirer des antiquités d'Extrême-Orient au **Östasiatiska Museet** (p. 66).

Après, reprenez la passerelle jusqu'à Norrmalm et longez à nouveau la mer pour rejoindre le bar du **Grand Hôtel Stockholm** (p. 147). Pour le dîner, rendez-vous au **Bakfickan** (p. 44), dans l'enceinte de l'Opéra, afin de déguster de délicieuses spécialités suédoises.

2e jour

Consacrez cette deuxième journée à la découverte de Djurgården. Commencez par passer quelques heures à **Skansen** (p. 52), un musée en plein air aussi appelé "Suède en miniature". Découvrez les animaux nordiques du zoo et l'atelier des souffleurs de verre.

Pour le déjeuner, prenez place dans la cour du **Blå Porten Café** (p. 66), près de l'entrée de Skansen. Puis, rendez-vous au **Vasamuseet** (p. 56) voisin, dédié à un vaisseau de guerre naufragé. Ses excellentes installations multimédia peuvent vous occuper une heure ou deux. Si vous avez le temps, faites ensuite un tour au **Spritmuseum** (p. 63), juste à côté, pour vous documenter sur l'histoire complexe et la portée sociale de la consommation d'alcool en Suède.

Prenez le ferry depuis Djurgården jusqu'à Norrmalm (en été seulement) et dirigez-vous vers Stureplan. Allez déguster poissons et fruits de mer à **Sturehof** (p. 91), et sirotez un verre dans son minuscule bar, à l'arrière, avant d'explorer les discothèques du quartier, comme **Sturecompagniet** (p. 92), **Spy Bar** (p. 92) et **Laroy** (p. 92).

Votre temps est précieux !

Nous avons concocté pour vous des itinéraires détaillés qui vous permettront d'optimiser le peu de temps dont vous disposez.

3e jour

Une troisième journée à Stockholm vous permettra de visiter quelques-uns des sites plus éloignés. Commencez par **Drottningholm** (p. 108), le palais d'été de la famille royale. Cela vaut vraiment la peine de suivre la visite guidée d'une heure (la première de la journée est à 10h). Les jardins environnants sont parfaits pour un pique-nique.

De retour en ville, montez à bord d'un ferry pour Vaxholm, afin d'explorer l'archipel de Stockholm. Déjeunez au **Waxholms Hotell** (p. 121), de préférence sur la terrasse couverte ; si du hareng baltique figure au menu, votre choix est fait. Passez le reste de l'après-midi à flâner dans les rues tortueuses du joli village, en faisant peut-être une halte à la **Vaxholms Bakery** (p. 121), en attendant l'heure du ferry.

À votre retour, direction **Berns Salonger** (p. 45) pour un dîner léger. Profitez-en pour poursuivre la soirée en musique dans un quartier chargé d'histoire.

4e jour

Le quatrième jour, commencez par le **Stadshuset** (p. 100), l'hôtel de ville, un bâtiment aussi joli que surprenant. Ensuite, prenez le métro jusqu'à Östermalm pour en savoir plus sur les traditions vikings au **Historiska Museet** (p. 84), où vous pourrez admirer crânes, armures, pièces anciennes et colliers en filigrane d'or.

Faites la queue pour déjeuner chez **Lisa Elmqvist** (p. 90), à l'intérieur du magnifique Östermalms Saluhall, où vous trouverez des spécialités culinaires à rapporter chez vous. Arrêtez-vous à **Svensk Slöjd** (p. 93) pour de l'artisanat authentique et de qualité.

Prenez le métro jusqu'à Medborgarplatsen pour explorer l'île de Södermalm, au sud de la ville, qui déborde de boutiques, galeries et établissements branchés. Remontez Götgatan vers Slussen, mais tournez à droite juste avant d'atteindre le haut de la colline ; vous surplomberez ainsi les falaises de Söder à la tombée de la nuit et jouirez d'une vue imprenable sur la capitale. De là, descendez les escaliers jusqu'au passionnant musée **Fotografiska** (p. 70), avant de remonter la colline pour un dîner bien mérité à **Hermans Trädgårdscafé** (p. 76).

Les basiques

Pour plus d'informations, voir le *Carnet pratique* (p. 145)

Monnaie
Krona, la couronne suédoise (Skr).

Langue
Suédois.

Visas
Les ressortissants de pays membres de l'UE et les citoyens canadiens et suisses n'ont pas besoin de visa pour un séjour inférieur à 3 mois.

Argent
Nombreux DAB. Principales cartes de crédit acceptées partout.

Téléphone portable
La plupart des téléphones portables fonctionnent en Suède, moyennant des frais importants. Les cartes SIM locales peuvent être utilisées avec la plupart des téléphones. Demandez à votre opérateur de débloquer votre téléphone pour pouvoir l'utiliser à l'étranger.

Heure
Heure d'Europe centrale (GMT/UTC + 1 h en hiver ; + 2h en été).

Prises et adaptateurs
Voltage standard de 220 V. Prises avec deux fiches rondes. Adaptateurs et transformateurs nécessaires pour les visiteurs canadiens.

Pourboires
Le service est inclus dans les additions, mais un bonus de 10 à 15% est apprécié.

1 Avant de partir

Budget quotidien

Moins de 1 000 Skr

- Lit en dortoir ou camping : 200-300 Skr
- Fast-food ou sandwich : 55-85 Skr
- Ticket de métro ou bus pour 24h : 115 Skr
- Entrée au musée : 100 Skr

De 1 000 à 2 000 Skr

- Chambre double : 800-1 600 Skr
- Restaurant : 100-200 Skr
- Bière ou vin (*happy hour*) 35-95 Skr

Plus de 2 000 Skr

- Chambre double : 1 600-2 600 Skr
- Dîner haut de gamme et boissons : 350-600 Skr
- Taxi depuis l'aéroport : 520 Skr

Sites Web

Lonely Planet (www.lonelyplanet.fr). Infos sur la destination, forum et bien plus encore.

Visit Stockholm (www.visitstockholm.com, en anglais). Site officiel de l'office du tourisme. Parfait pour préparer votre séjour.

Swedish Institute (www.si.se, en anglais). Bonne source d'informations sur tous les aspects de la culture suédoise.

À prévoir

Trois mois avant Réservez un hôtel haut de gamme ou un B&B recherché. Prenez des billets pour des spectacles ou des concerts à succès.

Un mois avant Réservez une table dans un grand restaurant ; achetez des cartes de réduction ; organisez des excursions.

Une semaine avant Vérifiez les jours et heures d'ouverture des musées.

2 Arriver à Stockholm

L'**aéroport de Stockholm-Arlanda** (www.swedavia.se), le principal aéroport de la capitale, se situe à 45 km au nord du centre-ville. Il est relié à ce dernier par des bus et des trains express.

Quelques vols domestiques arrivent à l'**aéroport de Stockholm-Bromma**, à seulement 8 km à l'ouest du centre-ville et desservi par le *tunnelbana*. L'**aéroport de Skavsta** (www.skavsta.se), à 100 km au sud de Stockholm, est principalement utilisé par les compagnies *low cost*, notamment Ryanair.

Depuis l'aéroport de Stockholm-Arlanda

Destination	Le meilleur moyen de transport
Centre-ville	Train Arlanda Express ou Flygbuss
Agglomération de Stockholm	*Tunnelbana* depuis le centre-ville ou taxi

À l'aéroport

Aéroport de Stockholm-Arlanda
Le terminal des arrivées dispose de DAB, bureaux de change, supermarchés, toilettes, bornes pour obtenir des billets de transport vers le centre-ville et d'un café. Le principal terminal, appelé SkyCity, offre tous les services habituels : guichets d'information, boutiques et restaurants, hôtel adjacent, kiosques à journaux, ordinateurs connectés à Internet et consignes. Tous les terminaux donnent accès aux trains d'Arlanda Express à destination du centre-ville. Des comptoirs de location de voitures sont situés dans un bâtiment séparé, relié à l'aéroport par une navette gratuite.

3 Comment circuler

Les transports en commun de Stockholm sont très efficaces et sûrs, mais assez onéreux. Ils sont gérés par **Storstockholms Lokaltrafik** (SL ; 08-600 10 00 ; www.sl.se ; Centralstationen, Sergels Torg ; billet à l'unité 25-50 Skr, carte illimitée 24/72h/7 jours 115/230/300 Skr), qui dispose de guichets d'information à la Centralstationen et dans plusieurs stations de *tunnelbana*. Les cartes sont presque toujours plus avantageuses que les billets à l'unité. Les étudiants et seniors bénéficient du demi-tarif. Les billets et cartes sont en vente dans les stations de *tunnelbana* et les kiosques Pressbyrå. Site utile pour vos déplacements : reseplanerare.resrobot.se.

Tunnelbana (métro)

Le métro de Stockholm (*tunnelbana*) est le mode de transport le plus facile. Il est bien géré, propre et possède une signalétique claire.

Bus

Le réseau de bus de la ville, qui utilise les mêmes billets et cartes que le métro, est pratique pour se déplacer entre les stations de *tunnelbana*, et pour rejoindre certains sites situés en banlieue. Attention, pas de vente à bord.

Taxi

Il existe plusieurs compagnies de taxi à Stockholm ; elles pratiquent des tarifs similaires.

Vélo

On circule facilement à vélo à Stockholm, grâce à des pistes cyclables bien délimitées dans la plupart des quartiers, et environ 90 bornes de location en libre-service à travers la ville.

Stockholm
Les quartiers

Vasastan (p. 112)
Certains des meilleurs restaurants se trouvent dans ce quartier bien sous tous rapports.

Kungsholmen (p. 98)
Ce quartier décontracté et accueillant possède de superbes endroits pour nager.

Les incontournables

Stadshuset

Norrmalm (p. 36)
Gastronomie, shopping et culture font battre le cœur bourdonnant de la ville.

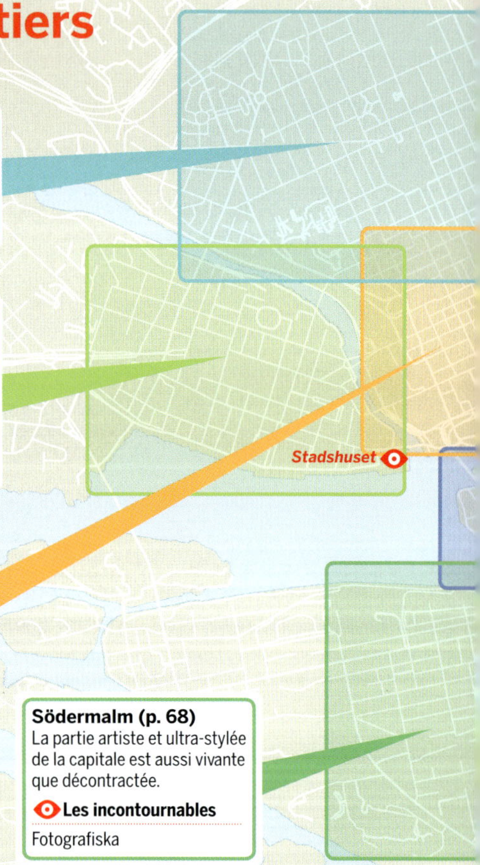

Vaut le détour

Les incontournables

Millesgården

Drottningholm

L'archipel de Stockholm

Södermalm (p. 68)
La partie artiste et ultra-stylée de la capitale est aussi vivante que décontractée.

Les incontournables

Fotografiska

Östermalm (p. 82)
Pour côtoyer tout ce beau monde, parez-vous de vos plus beaux atours.

Les incontournables

Historiska Museet

Djurgården et Skeppsholmen (p. 50)
Une oasis de verdure qui rassemble la plupart des meilleurs musées de la ville.

Les incontournables

Skansen

Vasamuseet

Moderna Museet

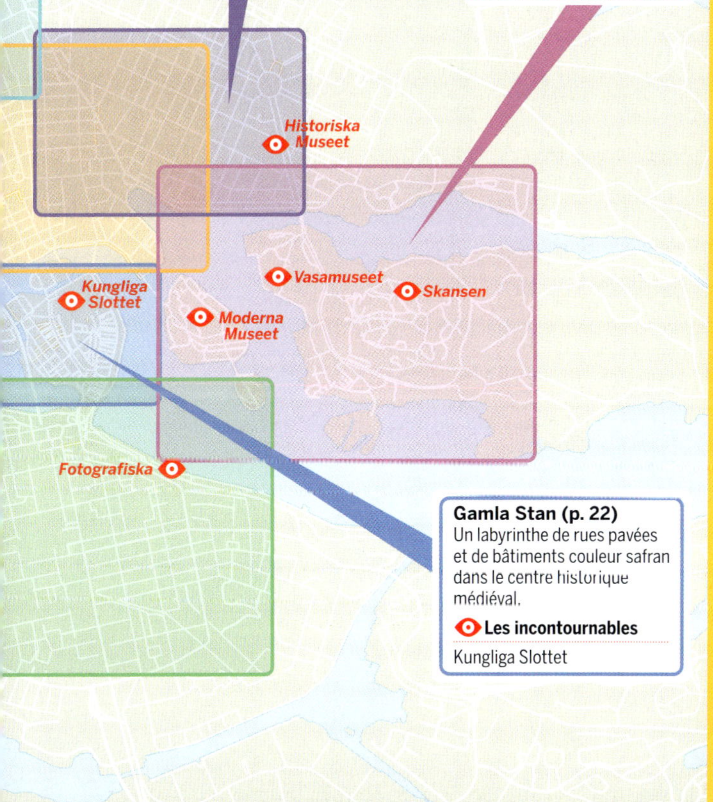

Gamla Stan (p. 22)
Un labyrinthe de rues pavées et de bâtiments couleur safran dans le centre historique médiéval.

Les incontournables

Kungliga Slottet

HILDA

Explorer Stockholm

Vaut le détour

Dîner en terrasse, Österlånggatan, Gamla Stan
JORG GREUEL / GETTY IMAGES ©

Explorer

Gamla Stan

La vieille ville, Gamla Stan, est incontestablement le quartier bien-aimé de Stockholm. Ses ruelles serpentent en tous sens le long d'églises Renaissance, de palais baroques et de places romantiques. Une véritable fenêtre ouverte sur l'Histoire.

L'essentiel en un jour

Dégustez café et pâtisseries à la **Grillska Husets Konditori** (p. 34), avant d'aller au **Kungliga Slottet** (p. 24), le palais royal, pour participer à une visite guidée matinale. N'oubliez pas de faire un tour au Museum Tre Kronor, au sous-sol, à la salle du Trésor et au musée des Antiquités de Gustave III (Antikmuseum). Vers midi, vous pourrez assister à la relève de la Garde, avec sa fanfare.

Promenez-vous jusqu'à Stora Nygatan et déjeunez à l'**Hermitage** (p. 33), avant de vous diriger vers Riddarholmen, où vous pourrez admirer la jolie flèche en fer de l'église de **Riddarholmskyrkan** (p. 31) et l'îlot qui l'entoure. En retraversant en direction de Gamla Stan, jetez un œil à l'intérieur de la cathédrale de **Storkyrkan** (p. 30), avant une visite de l'inspirant **Nobelmuseet** (p. 30).

Accordez-vous ensuite une pause bien méritée autour d'un café ou d'un chocolat chaud à la terrasse de **Chokladkoppen** (p. 34). Puis faites les boutiques ou sirotez un cocktail au bar **Le Rouge** (p. 35), avant un dîner traditionnel à **Den Gyldene Freden** (p. 34).

Les incontournables

Kungliga Slottet (p. 24)

Le meilleur du quartier

Se restaurer

Kryp In (p. 33)

Hermitage (p. 33)

Den Gyldene Freden (p. 34)

Prendre un verre

Monks Porter House (p. 35)

Le Rouge (p. 35)

Musées et galeries

Kungliga Slottet (p. 24)

Nobelmuseet (p. 30)

Medeltidsmuseet (p. 30)

Comment y aller

M **Tunnelbana** Gamla Stan, Slussen

Bus 43, 46, 55, 59 jusqu'à Slottsbacken

À pied La vieille ville est facilement accessible à pied depuis le centre

Les incontournables
Kungliga Slottet

L'imposant palais royal, le Kungliga Slottet, domine Gamla Stan. Il a été bâti sur les ruines de la forteresse royale de Tre Kronor, en grande partie détruite dans un incendie en 1697. L'aile nord a survécu et a été incorporée au nouveau bâtiment. Conçu par l'architecte de la cour, Nicodemus Tessin le Jeune, il fut achevé au bout de 57 ans. Composée de 608 pièces, cette immense résidence héberge la famille royale depuis 1754. C'est le plus grand palais royal au monde à remplir encore sa fonction originelle.

Plan p. 28, E2

www.kungahuset.se

adulte/enfant/- de 7 ans 150/75 Skr/gratuit

10h-16h mi-mai-mi-sept, 10h-16h et fermé lun le reste de l'année

43, 46, 55, 59 Slottsbacken, M Gamla Stan

À ne pas manquer

La relève de la Garde

Programmez votre visite de manière à assister à la relève de la Garde, qui a lieu dans la cour extérieure à 12h15 du lundi au samedi et à 13h15 les dimanches et jours fériés, de mai à août. De septembre à avril, les relèves sont réduites aux mercredi, samedi, dimanche et jours fériés.

Museum Tre Kronor

Ce musée présente les fondations de la forteresse du XIIIe siècle et des objets du château rescapés de l'incendie de 1697. On y apprend l'origine du sinistre (le gardien s'était absenté pour aller courtiser une cuisinière) et on découvre en détail la signification de l'expression “passer par les baguettes”, qui se rapporte au châtiment auquel le garde a été condamné pour avoir abandonné son poste.

Chambre de Gustave III

Le roi Gustave III, qui s'est attaché à consolider le pouvoir royal au début de son règne et s'est attiré les foudres de la noblesse, est décédé ici, en 1792, 13 jours après avoir été victime d'une tentative d'assassinat à un bal masqué. Il a survécu juste assez longtemps pour sauver les apparences et réprimer le coup d'État.

Trône en argent

Le trône en argent de la reine Kristina a réchappé à l'incendie de Tre Kronor. La reine le reçut en cadeau de l'homme d'État suédois, Magnus Gabriel de la Gardie (fils d'Ebba Brahe, qui avait une liaison avec le roi Gustave II Adolphe). L'impressionnante salle du trône a été conçue par les architectes Nicodemus Tessin le Jeune et Carl Hårleman.

À savoir

- Pour échapper à la cohue et visiter dans les meilleures conditions, venez à l'ouverture du palais (10h).
- Visite guidée gratuite en anglais (45 min) à 11h et 14h de mi-mai à mi-septembre, et à 14h et 15h le reste de l'année.
- L'entrée au palais donne accès au Museum Tre Kronor, à la salle du Trésor et à l'Antikmuseum, tous voisins.
- Les billets sont valables 7 jours.
- Les appartements royaux sont parfois fermés au public ; consultez le site Internet pour connaître les jours d'ouverture.

Une petite faim ?

En été, un petit café (ouvert du 6 juin à fin août) avec une terrasse dans la cour intérieure du château sert des déjeuners légers, du café et des pâtisseries. Le Kungliga Slottet est également à deux pas de l'agréable Chokladkoppen (p. 34).

Comprendre

Rois et règnes

Les guides assurant les visites du Kungliga Slottet soulignent qu'il ne s'agit pas là d'un musée mais bien du bâtiment d'un gouvernement en exercice : le roi et la reine y ont toujours leurs bureaux et ils y reçoivent les dignitaires étrangers ; ces événements peuvent occasionner la fermeture de tout ou partie du palais. Même si l'endroit présente de beaux exemples de meubles et d'intérieurs baroques et rococo (pour certains extrêmement bien préservés), chaque salle porte l'empreinte des nombreuses générations ayant occupé les lieux.

Galerie Charles XI

L'une des plus belles salles du palais est encore aujourd'hui le théâtre de cérémonies royales. Inspirée de la galerie des Glaces de Versailles, elle est considérée comme un des meilleurs exemples de baroque suédois tardif.

Salle du Trésor

La salle du Trésor (Skattkammaren) renferme des couronnes, des sceptres et d'autres objets liés à la monarchie suédoise, notamment la couronne de Lovisa Ulrika, des fonts baptismaux de 1696 (encore utilisés aujourd'hui), des tapisseries sauvées de l'incendie de 1697 et une épée du XVIe siècle ayant appartenu au roi Gustave Ier Vasa.

Antikmuseum

Le musée des Antiquités de Gustave III (en été seulement) présente des sculptures réunies principalement par le roi au cours de ses voyages en Italie, autour de 1780. Elles permirent à une grande partie de la population suédoise d'avoir un premier aperçu de l'art gréco-latin. Les galeries ont été rénovées à partir des années 1950 afin de pouvoir conserver la collection sur place.

Chapelle royale

Le palais royal abrite une chapelle depuis le XIIIe siècle, mais celle visible à présent date de la réouverture du palais en 1754. Les travaux de reconstruction, dirigés par Nicodemus Tessin le Jeune, durèrent 50 ans.

Kungliga Slottet

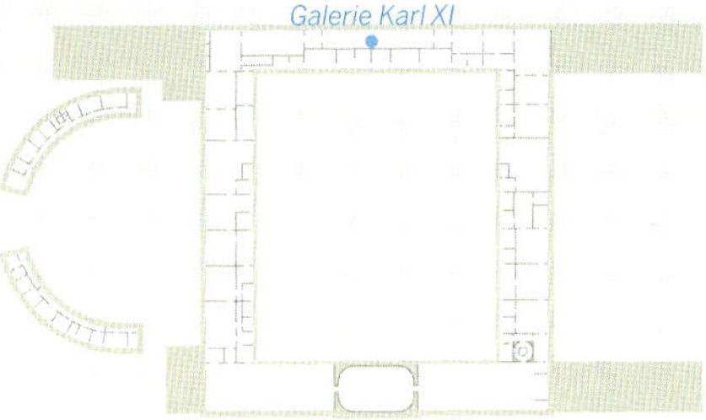

Étage

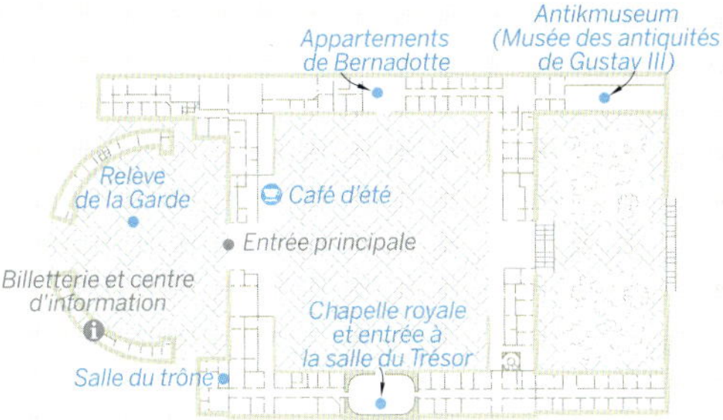

Rez-de-chaussée

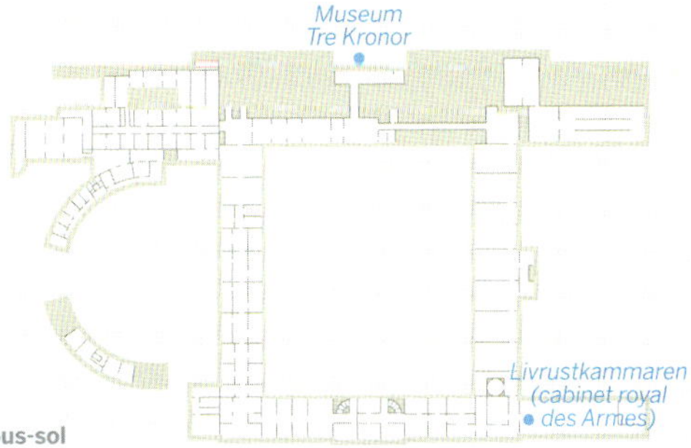

Sous-sol

A
B
C
D
1
2
3
4
5
Centralbron
Norra Järnvägsbron
Vasabron
Riksbron
Strömparteren
Helgeandsholmen
Riksdagshuset
8
Riksgatan
Strömsborg
Bankkajen
Stallbron
Riddarhuskajen
Rådhusgränd
Riddarhusgränd
Mynttorget
Myntgatan
Norra Riddarholmshamnen
Arkivgatan
RIDDARHOLMEN
Riddarhustorget
Storkyrkobrinken
Evert Taubes Terrass
Birger Jarls Torg
Wrangelska Backen
10
7
Riddarholmskyrkan
15
Stora Nygatan
Lilla Nygatan
Munkbrogatan
Munkbroleden
Södra Riddarholmshamnen
5
Postmuseum
Södra Järnvägsbron
Schönfelts Gränd
Gamla Stan
Tyska Brinken
Mälartorget
17
Riddarfjärden
Södra Järnvägsbron
Centralbron
N
0
200 m

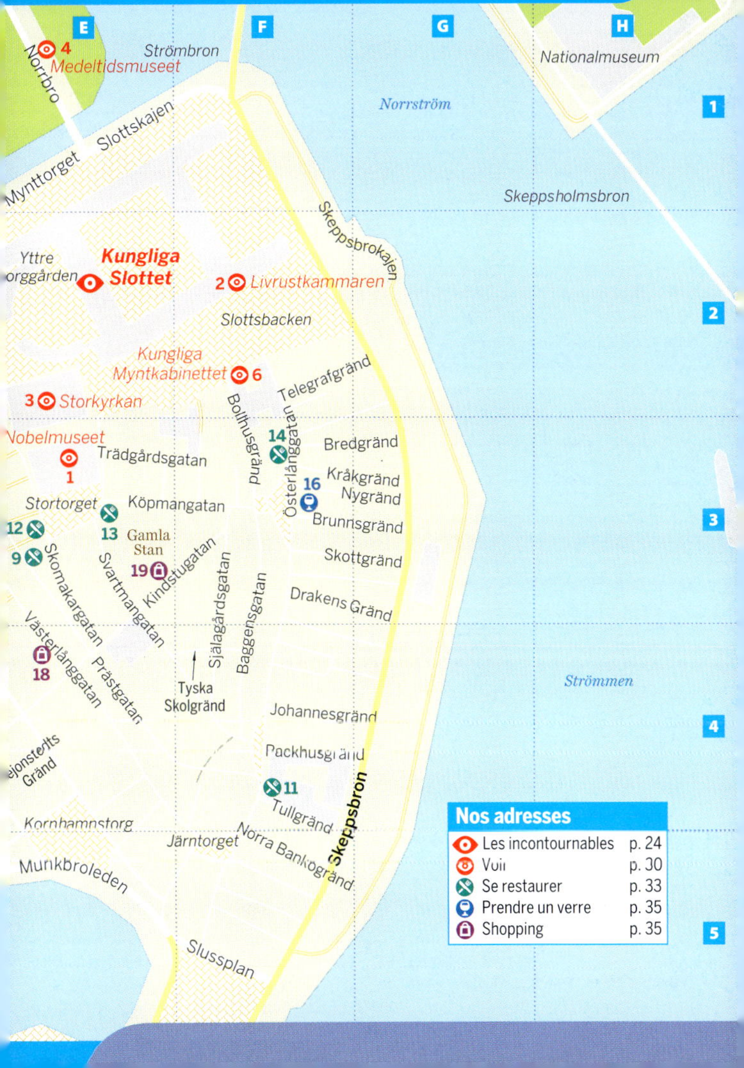
E
F
G
H
1
2
3
4
5
4 Medeltidsmuseet
Strömbron
Norrbro
Nationalmuseum
Norrström
Slottskajen
Mynttorget
Skeppsholmsbron
Skeppsbrokajen
Yttre
orggården
Kungliga
Slottet
2 Livrustkammaren
Slottsbacken
Kungliga
Myntkabinettet 6
Telegrafgränd
3 Storkyrkan
Bollhusgränd
Österlånggatan
Nobelmuseet
1
Trädgårdsgatan
14
Bredgränd
Kråkgränd
16
Nygränd
Brunnsgränd
Stortorget
Köpmangatan
12
13
Gamla
Stan
9
19
Skottgränd
Skomakargatan
Svartmangatan
Kindstugatan
Själagårdsgatan
Baggensgatan
Drakens Gränd
Västerlånggatan
18
Prästgatan
Tyska
Skolgränd
Strömmen
Johannesgränd
ejonsterlts
Gränd
Packhusgränd
11
Tullgränd
Skeppsbron
Kornhamnstorg
Järntorget
Norra Bankogränd
Munkbroleden
Slussplan
Nos adresses
Les incontournables p. 24
Voir p. 30
Se restaurer p. 33
Prendre un verre p. 35
Shopping p. 35

Voir

Nobelmuseet

MUSÉE

1 Plan p. 28, E3

Le Nobelmuseet retrace l'histoire des prix Nobel et de leurs lauréats, en mettant l'accent sur le contexte intellectuel et les aspects culturels de leurs réalisations. On peut notamment y voir de passionnants documentaires sur la créativité ou des interviews de personnalités "nobélisées" comme Ernest Hemingway ou Martin Luther King, ainsi que des chaises de café signées des récipiendaires venus visiter le musée. Visite guidée gratuite recommandée (en anglais à 10h15, 11h15, 13h, 15h, 16h et 18h en été). (www.nobelmuseet.se ; Stortorget ; adulte/enfant 100/70 Skr ; 10h-20h tlj l'été, 11h-20h mar et 11h-17 mer-dim sept-mai ; M Gamla Stan)

Livrustkammaren

MUSÉE

2 Plan p. 28, F2

Le cabinet royal des Armes est logé dans les sous-sol du palais royal mais dispose d'une entrée séparée et payante. Il est peuplé de souvenirs retraçant cinq siècles d'histoire de la royauté suédoise, des couronnements aux mariages en passant par les meurtres. Admirez les somptueuses tenues d'apparat, le costume de bal masqué du roi Gustave III (dans lequel il fut victime d'une tentative d'assassinat en 1792), ou bien laissez vos enfants essayer une armure dans la salle de jeux. (Cabinet royal des Armes ; 08-402 30 30 ; www.livrustkammaren.se ; Slottsbacken 3 ; adulte/- de 19 ans 90 Skr/gratuit ; 10h-17h ; 43, 46, 55, 59 Slottsbacken, M Gamla Stan)

Storkyrkan

ÉGLISE

3 Plan p. 28, E2

La cathédrale royale, qui accueillit jadis mariages princiers et couronnements, est, avec ses 700 ans d'âge, la plus ancienne église paroissiale de Stockholm. Dans son intérieur où se mêlent gothique et baroque, vous verrez d'extravagantes tribunes royales conçues par Nicodemus Tessin le Jeune, mais aussi la spectaculaire sculpture gothique *Saint Georges terrassant le dragon*, réalisée par l'Allemand Berndt Notke sur une commande de Sten Sture l'Ancien pour commémorer sa victoire sur les Danois en 1471. (Cathédrale ; www.stockholmsdomkyrkoforsamling.se ; Trångsund 1 ; adulte/enfant 40 Skr/gratuit ; 9h-16h ; M Gamla Stan)

Medeltidsmuseet

MUSÉE

4 Plan p. 28, E1

Niché sous le pont reliant Gamla Stan à Norrmalm, ce musée a été fondé suite à la découverte d'ouvriers qui ont mis au jour, lors de travaux, les vestiges d'une muraille, édifiée vers 1530. Les murs ont été conservés tels quels et le musée a été construit autour. Le visiteur se promène à travers de fidèles reconstitutions de maisons traditionnelles, marchés et ateliers remontant au Moyen Âge. (Musée médiéval ; www.medeltidsmuseet.stockholm.se ; Strömparterren ; gratuit ; 12h-17h mar-sam, 12h-20h mer ; ; 62, 65, Gustav Adolfs torg)

Storkyrkan

Postmuseum

MUSÉE

5 Plan p. 28, D4

Vous bâillez à l'idée de visiter un musée consacré à 4 siècles d'histoire postale de la Suède ? Ce musée de la Poste est pourtant fascinant, avec ses vieilles malles-postes, son wagon grandeur nature, ses cartes postales originales et son bureau de poste miniature pour les facteurs en herbe. (08-781 17 59 ; www.postmuseum.posten.se ; Lilla Nygatan 6 ; adulte/étudiant/- de 18 ans 80/50 Skr/gratuit ; 11h-16h mar-dim, 11h-19h mer ; M Gamla Stan)

Kungliga Myntkabinettet

MUSÉE

6 Plan p. 28, F2

En face du palais royal, le Kungliga Myntkabinettet abrite une collection inestimable de monnaies du monde entier, dont une pièce viking en argent, la plus ancienne pièce de monnaie au monde (625 av. J.-C.). La plus lourde, une plaque de cuivre de 19,7 kg, y est aussi exposée, de même que le premier billet de banque émis en Suède, en 1661. Le musée explore l'histoire économique, financière et monétaire mondiale. (Cabinet royal des Monnaies et Médailles ; 08-519 553 04 ; www.myntkabinettet.se ; Slottsbacken 6 ; adulte/étudiant/- de 18 ans 70/50 Skr/gratuit, gratuit lun ; 11h-17h ; M Gamla Stan)

Riddarholmskyrkan

ÉGLISE

7 Plan p. 28, B3

Située sur l'îlot charmant et méconnu de Riddarholmen, cette

Comprendre

Gouvernement et politique

Le roi de Suède, Charles XVI Gustave, est le septième souverain de la dynastie Bernadotte. Alors qu'il n'a que quatre ans, le décès de son père le fait accéder au titre de prince héritier, et, à 27 ans, il est couronné roi (en 1973). Il rencontre la reine Silvia, d'origine germano-brésilienne, aux jeux Olympiques de Munich, alors qu'elle n'appartenait ni à la royauté ni à la noblesse. Leur fille aînée, la princesse Victoria, sera le prochain monarque de Suède. En effet, depuis 1980, le premier-né est l'héritier du trône en Suède, quel que soit son sexe.

Le roi est le chef de l'État et une figure importante, mais apolitique. Son rôle est essentiellement protocolaire. La Suède est gouvernée par un Parlement, élu au suffrage universel tous les quatre ans.

Des changements en matière d'économie et de politique ont récemment ébranlé la longue tradition suédoise du "juste milieu". Pendant des décennies, le pays a été considéré comme une sorte de modèle, quasiment utopique, qui donnait espoir aux progressistes du monde entier. C'est toujours plus ou moins vrai. Mais en se développant, la Suède a dû s'adapter aux réalités modernes (économiques et sociopolitiques), et des failles ont commencé à apparaître.

Les sociaux-démocrates, qui ont conservé la majorité au gouvernement (et ont donc façonné la politique nationale, notamment le fameux "État providence") pendant la majeure partie des 85 dernières années, voient actuellement leur influence décliner.

Aux élections de 2010, les sociaux-démocrates enregistrent leurs plus mauvais résultats depuis 1921, en remportant à peine plus de 30% des sièges au Parlement. Le parti de l'Alliance décroche un deuxième mandat (173 sièges sur 349), mais le chômage est élevé et en 2012, les sociaux-démocrates regagnent du terrain. Aux élections de septembre 2014, les sociaux-démocrates sont de retour : le chef du parti de l'Alliance, Fredrik Reinfeldt, perd face au chef des sociaux-démocrates, Stefan Löfven, qui devient Premier ministre. La principale nouveauté de ce scrutin est la montée des Démocrates suédois, un mouvement nationaliste d'extrême droite, qui recueille deux fois plus de suffrages que précédemment, passant de 20 à 49 sièges ; il devient le troisième parti du Parlement. Des frictions sont à prévoir, les autres partis ayant déclaré qu'ils ne coopéreraient pas avec les Démocrates suédois.

église emblématique a été édifiée par des moines franciscains à la fin du XIIIe siècle. Elle fait office de nécropole royale depuis les obsèques de Magnus III, en 1290, et abrite les armoiries des Séraphins, ordre de chevalerie suédois. Visite guidée en anglais à midi (incluse dans le prix d'entrée). Des concerts y sont organisés. Fermetures fréquentes (consultez le site Web). Paiement par carte bancaire uniquement. (Église de Riddarholmen ; ☎ 08-402 61 30 ; www.kungahuset.se ; Riddarholmen ; adulte/étudiant/- de 18 ans 50/25 Skr/gratuit ; 10h-17h mi-mai à mi-sept ; 3, 53 Riddarhustorget, M Gamla Stan)

Riksdagshuset

ÉDIFICE

8 Plan p. 28, D1

Si le bâtiment du Parlement suédois est situé sur Helgeandsholmen, la petite île au cœur de Norrström, plutôt qu'à Gamla Stan, il n'en mérite pas moins une visite. L'édifice est en deux parties : la plus ancienne donne sur la rue et remonte au début du XXe siècle ; l'autre, plus moderne, accueille la salle des débats actuelle. (Parlement suédois ; ☎ 08-786 48 62 ; www.riksdagen.se ; Riksgatan 3 ; gratuit ; visites guidées de 1h en anglais 12h, 13h, 14h et 15h lun-ven mi-juin à août, 13h30 sam-dim oct à mi-juin)

Se restaurer

Kryp In

SUÉDOIS $$$

9 Plan p. 28, E3

Petit mais parfaitement aménagé, cet établissement revisite des spécialités suédoises. On peut y déguster un carpaccio de saumon ou une salade de renne fumé en entrée, puis un délicieux et réconfortant ragoût de fruits de mer au safran et à l'aïoli. Service impeccable et ambiance chic sans être guindée. Le week-end, le court menu du déjeuner (119 Skr à 158 Skr) est très avantageux. Réservation indispensable. (☎ 08-20 88 41 ; www.restaurangkrypin.se ; Prästgatan 17 ; entrées 135-195 Skr, plats 195-285 Skr ; 17h-23h lun-ven, 12h30-16h et 17h-23h sam-dim ; M Gamla Stan)

Hermitage

VÉGÉTARIEN $$

10 Plan p. 28, D3

Buffet végétarien simple et savoureux, à des prix imbattables à Gamla Stan.

Comprendre

Les Bernadotte

Quand le roi Gustave IV Adolphe est contraint d'abdiquer après avoir perdu la Finlande aux mains de l'empire russe, la noblesse suédoise doit trouver un remplaçant : il n'y a pas d'héritier. Un certain baron Mörner désigne alors l'un des maréchaux de Napoléon, Jean-Baptiste Bernadotte (1763-1844), comme successeur. Ce dernier accepte et est élu à l'unanimité par les ordres du royaume à Örebro en 1810. Il règne 26 ans sous le nom de Karl Johan, initiant la dynastie Bernadotte, toujours au pouvoir aujourd'hui.

Salade, pain maison, thé et café sont compris. (Stora Nygatan 11 ; déj/dîner et week-end 110/120 Skr ; 11h-20h lun-sam, 12h-16h dim ; ; Gamla Stan)

Den Gyldene Freden

SUÉDOIS $$$

11 Plan p. 28, F4

En activité depuis 1722, ce restaurant est tenu par l'Académie suédoise. Ce serait ici que se réuniraient ses membres pour attribuer les prix Nobel. Nous estimons de notre côté que les récompenses devraient être décernées aux cuisiniers, qui proposent une délicieuse *husmanskost* (cuisine traditionnelle suédoise), qui acquiert ses lettres de noblesse avec l'agneau rôti aux chanterelles, chou et fromage et les boulettes de viande à l'ancienne. (08-24 97 60 ; www.gyldenefreden.se ; Österlånggatan 51 ; déj 165-265 Skr, dîner plats 180-370 Skr ; déj lun-ven, dîner lun-sam ; Gamla Stan)

100% Stockholm

Ça swingue à Stampen

Stampen (08-20 57 93 ; www.stampen.se ; Stora Nygatan 5 ; entrée libre ou 200 Skr selon programmation ; 17h-13h lun-jeu, 20h-2h sam-dim) est l'un des clubs légendaires de Stockholm. On peut y entendre du jazz et du blues six soirs par semaine (et parfois le dimanche). Le bœuf gratuit du samedi, de 14h à 18h, attire autant de musiciens en herbe que de pointures.

Chokladkoppen

CAFÉ $

12 Plan p. 28, E3

Le minuscule Chokladkoppen se trouve sur la ravissante place principale de la vieille ville. Ce bar *gay-friendly* dispose d'une terrasse en été (où il fait bon être vu) ; délicieux en-cas (notamment la tarte au brocoli et au bleu) et gâteaux. (www.chokladkoppen.se ; Stortorget 18 ; gâteaux 40-80 Skr ; 9h-23h l'été, horaires plus restreints le reste de l'année ; Gamla Stan)

Grillska Husets Konditori

BOULANGERIE, CAFÉ $

13 Plan p. 28, E3

Ce café-boulangerie géré par la Stockholms Stadsmission, équivalent suédois d'Emmaüs, est une adresse de choix pour une douceur ou un sandwich, surtout lorsque le temps permet de s'installer sur la place principale de Gamla Stan. La boulangerie vend du pain et divers produits. (08-68 42 33 64 ; www.stadsmissionen.se ; Stortorget 3 ; sandwichs 25-75 Skr ; 9h-18h lun-ven, 10h-18h sam-dim ; Gamla Stan)

Hairy Pig Deli

TRAITEUR $

14 Plan p. 28, F3

Ce petit traiteur propose des saucisses maison et de la bière brassée par un ami de la famille. Goûtez la saucisse du jour (65 Skr), le sandwich au salami et au fromage (85 Skr), l'assiette de charcuterie, l'assortiment de tapas ou l'excellente salade au salami maison et fromage provenant de l'archipel de

Stockholm. (Håriga Grisen ; 073-800 26 23 ; www.hairypigdeli.se ; Österlånggatan 9 ; plats 65-100 Skr, tapas 45-55 Skr ; 17h-21h mar-ven, 12h-22h sam ; M Gamla Stan)

Prendre un verre

Monks Porter House

PUB

15 Plan p. 28, C3

Cet immense pub propose un large choix de bières, dont 56 pressions, pour la plupart fabriquées à la microbrasserie Monks de Vasastan. Tout ce que nous avons goûté était délicieux, en particulier la Monks Orange Ale. Le mieux est de demander conseil au serveur. Consultez le site pour les soirées-dégustation. (08-23 12 12 ; www.monkscafe.se ; Munkbron 11 ; à partir de 18h mar-sam ; M Gamla Stan)

Le Rouge

BAR

16 Plan p. 28, F3

L'opulence du velours rouge et la cuisine de bistrot à la française évoquent le Paris de la Belle Époque. Le restaurant adjacent est tenu par deux des chefs les plus en vue de la capitale, Danyel Couet et Melker Andersson. DJ aux platines du jeudi au samedi. (08-50 52 44 30 ; Österlånggatan 17 ; 11h30-14h et 17h-1h lun-ven, 17h-1h sam)

Torget

BAR

17 Plan p. 28, D4

Lustres qui tournent, touches déco baroques et soirées à thème – spectacles burlesques, soirées *schlager* (variétés) éhontées, etc. – , difficile de trouver adresse plus délicieusement folle que cet étincelant bar gay. N'hésitez pas à aller bavarder avec la clientèle qui vous livrera pour sûr de bonnes infos sur les prochaines soirées underground. (www.torgetbaren.com ; Mälartorget 13 ; 17h-1h tlj ; M Gamla Stan)

Shopping

Science Fiction Bookshop

LIBRAIRIE

18 Plan p. 28, E4

Cette librairie est sans aucun doute l'adresse incontournable pour les passionnés de bandes dessinées et de romans graphiques de science-fiction grand public et ésotériques (en anglais et en suédois). On y trouve aussi des romans, des jeux, des jouets et des affiches. Le personnel sympathique vous aidera à dénicher des trésors. (www.sfbok.se ; Västerlånggatan 48 ; 10h-19h lun-ven, 10h-17h sam, 12h-17h dim ; M Gamla Stan)

Studio Lena M

CADEAUX

19 Plan p. 28, E3

Cette boutique minuscule aux lumières tamisées est remplie de produits à l'effigie des travaux de l'illustratrice Lena M, et d'autres artistes de la même veine. Une adresse idéale pour trouver un cadeau unique et typiquement suédois, ou tout simplement une adorable carte postale. (www.lenamdesign.se ; Kindstugan 14 ; M Gamla Stan)

Explorer

Norrmalm

Le modernisme règne sans partage à Norrmalm, le trépidant quartier commerçant de Stockholm où se trouvent aussi la gare ferroviaire principale, Centralstationen, et la gare routière, Cityterminalen. Il recèle par ailleurs des boutiques originales, des bars et restaurants branchés, de beaux hôtels et des institutions culturelles intéressantes.

L'essentiel en un jour

Commencez votre journée par une dose d'art au National Museum. En travaux jusqu'en 2017, une partie de sa collection est exposée à la très jolie **Konstakademien** (p. 42), dont le bâtiment conçu par Tessin renferme plusieurs galeries et salles de classe. Ensuite, assumez votre penchant voyeuriste et participez à une visite guidée du **Hallwylska Museet** (p. 42), l'ancienne résidence d'un comte et d'une comtesse, collectionneurs d'objets d'art.

Poursuivez par la découverte du **Dansmuseet** (p. 42), où vous pourrez admirer des centaines de costumes de danse, décors de théâtre et accessoires du monde entier. Faites une pause au café adjacent avant de vous remettre en route.

Consacrez votre après-midi au **Medelhavsmuseet** (p. 42), qui rassemble de fascinants objets et œuvres d'art des civilisations du bassin méditerranéen et du Proche-Orient. Vous trouverez également un café sur place, si vous avez encore un petit creux.

Pour une journée 100% Stockholm à Norrmalm, rendez-vous p. 38.

100% Stockholm

Shopping à Norrmalm (p. 38)

Le meilleur du quartier

Se restaurer

Grands Verandan (p. 43)
Mathias Dahlgren (p. 44)

Pour les noctambules

Berns Salonger (p. 45)
Absolut Icebar (p. 45)

Musique

Operan (p. 47)
Fasching (p. 47)
Glenn Miller Café (p. 47)
Konserthuset (p. 47)
Dansens Hus (p. 47)

Comment y aller

Tunnelbana T-Centralen, Kungsträdgården

Bus Cityterminalen, Normalmstorg, Sergels Torg

Tram ligne 7

100% Stockholm
Shopping à Norrmalm

Vous êtes-vous déjà demandé pourquoi les Stockholmois sont toujours à la pointe de la mode ? Le shopping est un sport national en Suède, et Norrmalm est un des meilleurs endroits où le pratiquer. Ses élégantes vitrines présentent tout à la fois artisanat, objets en cristal, matériel de plein air et vêtements de créateurs tendance. À noter qu'une bonne partie du quartier est piéton.

1 Norrmalmstorg

Commencez votre marathon au cœur du quartier, sur la vaste place de Normalmstorg. À son extrémité est, vous trouverez le temple local de la branchitude : **Acne Studios** (☎08-611 64 11 ; www.acnestudios.com ; Norrmalmstorg 2 ; ⏲10h-19h lun-ven, 10h-17h sam, 12h-16h dim ; M Östermalmstorg), dont la boutique a des allures de musée de la mode. Non loin de là, ne manquez pas **Marimekko** (☎08-440 32 75 ; www.marimekko.com ;

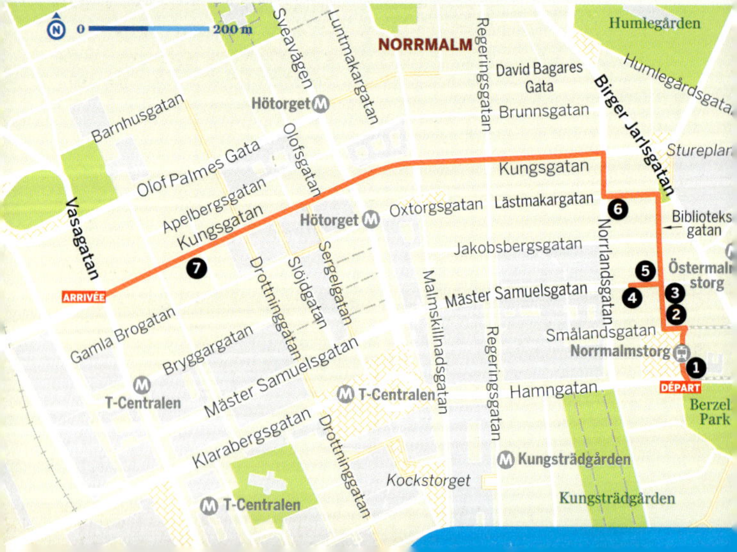

Norrmalmstorg 4 ; 10h-18h30 lun-ven, 10h-17h sam ; M Östermalmstorg), qui propose d'irrésistibles articles textiles aux imprimés colorés.

2 Biblioteksgatan

De l'extrémité nord de Norrmalmstorg part une rue piétonne, bordée des enseignes les plus courues. Juste à côté, vous trouverez la boutique de la célèbre styliste suédoise, **Filippa K** (www.filippa-k.com ; Biblioteksgatan 2).

3 Mäster Samuelsgatan

Cette rue, qui traverse Biblioteksgatan, accueille les poids lourds du prêt-à-porter. Sur la droite, **Whyred** (08-660 01 70 ; www.whyred.se ; Mäster Samuelsgatan 5 ; 10h-19h lun-ven, 10h-17h sam, 12h-16h dim ; M Östermalmstorg) est réputé pour ses pulls pour hommes et ses chaussures pour femmes ; à côté, **BLK DNM** (www.blkdnm.com ; Mäster Samuelsgatan 1), marque plutôt récente, propose des vestes furieusement branchées et d'autres pièces dessinées par Johan Lindeberg. En face, **Fifth Avenue Shoe Repair** (Mäster Samuelsgatan 2) est une autre enseigne tendance.

4 Cow Parfymeri

Cow Parfymeri (08-611 15 04 ; www.cowparfymeri.se ; Mäster Samuelsgatan 9 ; 11h-18h lun-ven, 11h-16h sam ; M Östermalmstorg) est le temple de la beauté. À l'intérieur, vous trouverez une gamme pointue de parfums et de produits de maquillage. Dénichez les cosmétiques tendance rock d'Urban Decay et de Vincent Longo, ou enivrez-vous de fragrances rares venues de Paris et de New York.

5 Urban Outfitters

Urban Outfitters (Biblioteksgatan 5) mérite le détour, autant pour ses collections de vêtements que pour l'édifice qui les accueille. La boutique occupe l'ancien Röda Kvarn (Moulin Rouge), un magnifique cinéma des années 1910. Les projecteurs ont disparu, mais des éléments d'époque ont été conservés, tels les lustres et les boiseries. Des cabines d'essayage bordent la scène, derrière une fausse façade de château. À l'étage, le foyer accueille désormais le travail de jeunes artistes stockholmois.

6 Pause expresso

À présent, vous avez sans doute besoin d'une pause. Le ravissant **Bianchi Cafe & Cycles** (www.bianchicafecycles.com ; Norrlandsgatan 20) est parfait pour un *fika* suédois, soit un expresso accompagné d'une pâtisserie.

7 Kungsgatan

Vous trouverez ici des boutiques de tous styles, suédoises et internationales, sans oublier le marché en plein air et les restaurants de Hötorget. Quelques rues plus loin, arrêtez-vous à **Iris Hantverk** (08-21 47 26 ; Kungsgatan 55 ; 10h-20h lun-ven, 10h-15h sam) pour de magnifiques objets artisanaux suédois. En face, **WESC** (08-21 25 15 ; www.wesc.com ; Kungsgatan 66 ; 11h-18h lun-ven, 10h-16h sam ; M Hötorget), marque de vêtements qui s'inspire de la culture skate, est une autre boutique aux allures de musée.

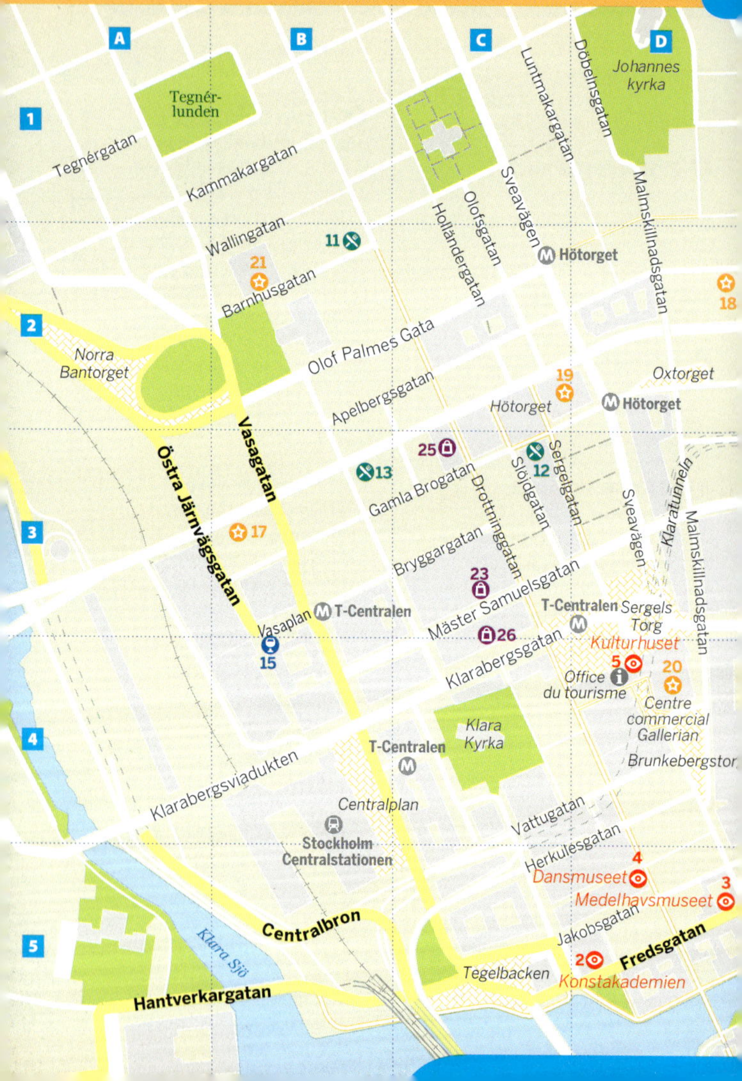
A
B
C
D
1
2
3
4
5
Tegnér-lunden
Johannes kyrka
Tegnérgatan
Kammakargatan
Wallingatan
Barnhusgatan
Luntmakargatan
Döbelnsgatan
Sveavägen
Olofsgatan
Holländergatan
Malmskillnadsgatan
Hötorget
Olof Palmes Gata
Apelbergsgatan
Norra Bantorget
Oxtorget
Vasagatan
Östra Järnvägsgatan
Gamla Brogatan
Drottninggatan
Slöjdgatan
Sergelgatan
Klaratunneln
Bryggargatan
Mäster Samuelsgatan
T-Centralen
Sergels Torg
Vasaplan
Klarabergsgatan
Kulturhuset
Office du tourisme
Centre commercial Gallerian
Klara Kyrka
Brunkebergstorg
Klarabergsviadukten
Centralplan
Stockholm Centralstationen
Vattugatan
Herkulesgatan
Dansmuseet
Medelhavsmuseet
Jakobsgatan
Centralbron
Klara Sjö
Hantverkargatan
Tegelbacken
Fredsgatan
Konstakademien
11
21
18
19
25
12
13
17
23
26
15
5
20
4
3
2

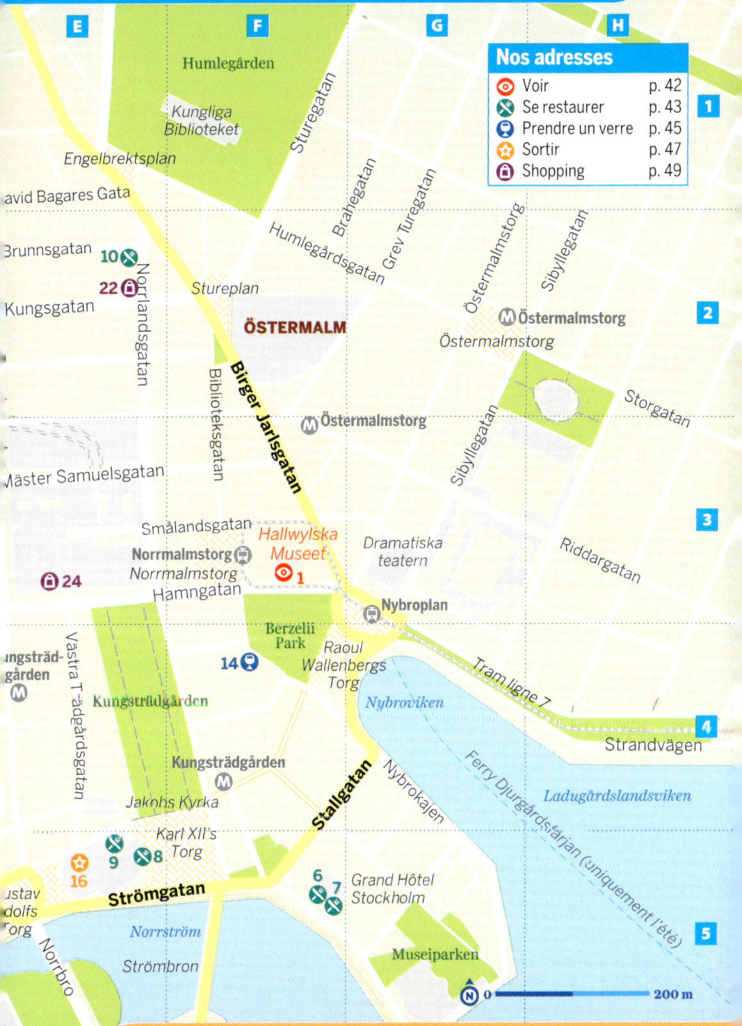
E
F
G
H
1
2
3
4
5
Nos adresses
Voir p. 42
Se restaurer p. 43
Prendre un verre p. 45
Sortir p. 47
Shopping p. 49
Humlegården
Kungliga Biblioteket
Engelbrektsplan
avid Bagares Gata
Sturegatan
Brahegatan
Grev Turegatan
Humlegårdsgatan
Brunnsgatan
10
22
Norrlandsgatan
Kungsgatan
Stureplan
ÖSTERMALM
Östermalmstorg
Sibyllegatan
Östermalmstorg
Östermalmstorg
Storgatan
Birger Jarlsgatan
Biblioteksgatan
Östermalmstorg
Sibyllegatan
Mäster Samuelsgatan
Smålandsgatan
Hallwylska Museet
1
Dramatiska teatern
Riddargatan
Norrmalmstorg
Norrmalmstorg
Hamngatan
24
Nybroplan
Berzelii Park
Raoul Wallenbergs Torg
14
ungsträd-gården
Västra Trädgårdsgatan
Kungsträdgården
Tram ligne 7
Nybroviken
Strandvägen
Kungsträdgården
Stallgatan
Nybrokajen
Ferry Djurgårdsfärjan (uniquement l'été)
Ladugårdslandsviken
Jakobs Kyrka
Karl XII's Torg
9
8
16
6
7
Grand Hôtel Stockholm
ustav dolfs Torg
Strömgatan
Norrström
Strömbron
Norrbro
Museiparken
N
0
200 m

Voir

Hallwylska Museet
MUSÉE

1 Plan p. 40, F3

Ce palais privé achevé en 1898 fut la résidence de Wilhelmina von Hallwyl, une comtesse qui collectionnait des objets aussi divers que des ustensiles de cuisine, des poteries chinoises, des peintures du XVIIe siècle, de l'argenterie, des sculptures et les dents de ses enfants. En 1920, elle et son mari firent don de leur maison et de tout ce qu'elle contenait à l'État. Des visites guidées (100 Skr, entrée comprise) en anglais ont lieu à 12h30 du mardi au dimanche, de juin à août (seulement le week-end le reste de l'année). Le musée n'est pas accessible aux personnes à mobilité réduite. (Collection Hallwyl ; 08-402 30 99 ; www.hallwylskamuseet.se ; Hamngatan 4 ; adulte/- de 19 ans 90 Skr/gratuit ; 12h-16h mar-dim et 12h-19h mer sept-mai, 10h-16h mar-dim juin-août ; M Östermalmstorg)

Konstakademien
MUSÉE

2 Plan p. 40, D5

Le Nationalmuseum étant fermé pour travaux (réouverture prévue en 2017), les principales œuvres et les expositions temporaires issues de la collection sont présentées ici, dans le bâtiment plus petit mais charmant de la Konstakademien. On peut y admirer peintures, sculptures, dessins et objets d'art décoratif et graphique du Moyen Âge à nos jours. (Académie royale des Beaux-Arts ; 08-23 29 25 ; www.konstakademien.se ; Fredsgatan 12 ; adulte/étudiant et senior/- de 21 ans 100/80 Skr/gratuit ; 11h-17h mar-ven, 12h-16h sam-dim)

Medelhavsmuseet
MUSÉE

3 Plan p. 40, D5

Ce musée méconnu, logé dans l'ancien palais de Gustav Horn, rassemble des collections d'objets des civilisations égyptienne, grecque, chypriote, romaine et étrusque dans de vastes et sublimes salles qui mettent en valeur ces trésors. Si vous aimez tout ce qui brille, ne manquez pas la salle des ors, qui abrite une couronne d'olivier en or du IVe siècle av. J.-C. Café réputé sur place (de 11h30 à 13h30). (Musée des Antiquités méditerranéennes ; 010-456 12 98 ; www.medelhavsmuseet.se ; Fredsgatan 2 ; adulte/- de 19 ans 80 Skr/gratuit ; 12h-20h mar-ven, 12h-17h sam-dim ; M Centralen, Kungsträdgården)

Dansmuseet
MUSÉE

4 Plan p. 40, D5

Le Dansmuseet (ou musée de la Danse Rolf de Maré du nom de son fondateur) a déménagé dans une rue piétonne très passante et s'est doté d'un café élégant. L'institution se propose d'explorer les liens entre danse, art et théâtre. Parmi les pièces maîtresses, on retient les masques de danse traditionnels d'Afrique, d'Inde et du Tibet, les costumes d'avant-garde du Ballet russe et les marionnettes du théâtre chinois et japonais. En outre, y repose l'une des plus belles collections de costumes des Ballets russes du début du XXe siècle.

Dansmuseet

(☎ 08-441 76 51 ; www.dansmuseet.se ; Drottninggatan 17 ; adulte/étudiant et senior/ - de 18 ans 80/60 Skr/gratuit ; 11h-17h mar-ven, 12h-16h sam-dim ; M Centralen)

Kulturhuset CENTRE CULTUREL

5 Plan p. 40, D4

Ouverte en 1974, cette Maison de la culture à l'architecture surprenante comprend des galeries d'art, des ateliers, un cinéma, trois restaurants et des bibliothèques renfermant notamment des journaux internationaux et une bonne sélection de bandes dessinées et romans graphiques en plusieurs langues. Elle abrite surtout le Stadsteatern (théâtre de la ville), qui propose des spectacles de danse et de théâtre dans des salles de différentes capacités (principalement en suédois). Le Cafe Panorama du 5e étage sert une bonne cuisine et offre, comme son nom l'indique, une vue magnifique. (☎ billets 12h-17h, 08-50 62 02 00 ; www.kulturhusetstadsteatern.se ; Sergels Torg ; 11h-17h, partiellement fermé lun ; ; 52, 56, 59, 69, 91 Sergels Torg, M T-Centralen, 7 Sergels Torg)

Se restaurer

Grands Verandan SUÉDOIS $$$

6 Plan p. 40, F5

Au sein du vénérable Grand Hôtel, on sert ici un excellent *smörgåsbord* (buffet chaud et froid typiquement scandinave) – en particulier au moment de Noël, quand il devient très élaboré (réservation conseillée). Arrivez tôt pour avoir une table près des fenêtres et régalez-vous de classiques comme le gravlax (saumon cru mariné) accompagné de pommes de terre, le hareng, les boulettes de viande et leur confiture d'airelles. (08-679 35 86 ; www.grandhotel.se ; Södra Blasieholmshamnen 8, Grand Hôtel Stockholm ; smörgåsbord 445 Skr, plats 185-275 Skr ; 12h-15h et 18h-22h lun-ven, 13h-16h et 18h-22h sam-dim ; M Kungsträdgården)

Mathias Dahlgren INTERNATIONAL $$$

7 Plan p. 40, F5

Le talentueux chef Mathias Dahlgren a pris ses quartiers au Grand Hôtel avec un restaurant en deux parties : l'élégant Matsalen ("Dining Room"), auréolé de deux étoiles au Michelin, et le Matbaren ("Food Bar"), de style bistrot, une étoile au Michelin. Leur point commun ? Ne travailler que des produits de saison. De fait, les menus changent quotidiennement. Réservation indispensable. (08-679 35 84 ; www.mathiasdahlgren.com ; Södra Blasieholmenshamnen 6, Grand Hôtel Stockholm ; Matbaren plats 145-295 Skr, Matsalen menu 5/8 plats 1 500/1 900 Skr ; Matbaren 12h-14h lun-ven et 18h-24h lun-sam, Matsalen 19h-24h mar-sam, fermeture annuelle de mi-juil à fin août ; M Kungsträdgården)

Operakällaren FRANÇAIS, SUÉDOIS $$$

8 Plan p. 40, E5

Dans le cadre XIXe siècle de l'Opéra de Stockholm, lustres décadents, miroirs dorés et sublimes moulures servent d'écrin à une cuisine française classique agrémentée de quelques touches contemporaines comme les coquilles Saint-Jacques grillées au caramel, purée de chou-fleur, jambon *pata negra* et émulsion de beurre noir. Réservez au moins deux semaines à l'avance. (08-676 58 00 ; www.operakallaren.se ; Karl XII's Torg 10 ; menu dégustation 995-2 750 Skr ; 18h-22h mar-sam, fermeture annuelle en juil)

Bakfickan SUÉDOIS $$$

9 Plan p. 40, E5

À l'intérieur de l'Opéra, ce restaurant décoré de photos de la troupe et de lampes Art déco est réputé pour ses serveurs experts. Installez-vous au comptoir pour déguster son excellente *husmanskost* (cuisine traditionnelle). Une très bonne adresse, en particulier le soir, lorsque vous aurez toutes les chances de croiser une soprano jouant les divas. (08-676 58 00 ; www.operakallaren.se/backfickan ; Karl XII's Torg, Opéra ; plats 170-275 Skr ; 11h30-23h lun-ven, 12h-22h sam ; M Kungsträdgården)

Pontus! FRANÇAIS, SUÉDOIS $$$

10 Plan p. 40, E2

Cet établissement prisé d'Östermalm a fait peau neuve mais a heureusement conservé son emblématique papier peint imitation bibliothèque et ses grands box circulaires dans la salle à manger. Régalez-vous d'un menu complet (425 Skr à 795 Skr) ou de plats à la carte, à base de produits de saison cuisinés à la française, comme la brioche aux chanterelles, à l'oseille et aux oignons ou encore le hareng *matjes* fumé, accompagné de pommes de terre nouvelles et d'un confit de jaune d'œuf. (☎ 08-54 52 73 00 ; Norrlandsgatan 33 ; déj 185 Skr, dîner plats 155-525 Skr ; ⏲ 11h30-14h et 18h-22h lun-ven, 18h-22h sam, fermé dim ; M Östermalmstorg)

La Neta

MEXICAIN $

11 Plan p. 40, B2

Les restaurants mexicains authentiques ne courent pas les rues à Stockholm. Les tortillas de maïs maison, les saveurs délicates et la simplicité de la salle à manger de La Neta en font le meilleur de la ville. Excellent rapport qualité/prix. (www.laneta.se ; Barnhusgatan 2 ; 1/5 tacos 22/95 Skr ; ⏲ 11h30-14h et 18h-22h lun, 11h30-14h et 18h-23h mar-ven, 18h-23h sam ; M Hötorget)

Hötorgshallen

MARCHÉ $

12 Plan p. 40, C3

Dans le sous-sol du cinéma Filmstaden, ce marché alimentaire frénétique offre le meilleur de la Stockholm cosmopolite, des fruits de mer nordiques de première fraîcheur au houmous savoureux. On peut manger sur place des spécialités libanaises, des kebabs ou encore des hamburgers végétariens. Le minuscule **Kajsas Fiskrestaurang** sert, dans un décor de coquerie, des bols gargantuesques de *fisksoppa* (ragoût de poisson) à l'aïoli (95 Skr). (Hötorget ; ⏲ 10h-18h lun-jeu, 10h-18h30 ven, 10h-18h sam, fermé dim ; M Hötorget)

Vete-Katten

CAFÉ $

13 Plan p. 40, B3

Ce labyrinthe d'adorables petites salles décoré de mobilier ancien et de peintures à l'huile est une institution. On y vient pour déguster de copieux sandwichs et des pâtisseries divines, le tout arrosé d'une tasse de thé bien chaud. (www.vetekatten.se ; Kungsgatan 55 ; pâtisseries à partir de 25 Skr, salades 65-100 Skr ; ⏲ 7h30-19h30 lun-ven, 9h30-17h sam-dim ; M Hötorget)

Prendre un verre

Berns Salonger

BAR

14 Plan p. 40, F4

Fondé en 1862, ce somptueux palais est un haut lieu de la nuit. Si la magnifique salle de bal programme souvent d'excellents concerts, le plus bel atout du Berns est son chaleureux bar-club au sous-sol, qui accueille une clientèle de créatifs branchés, des DJ de haut vol et des projections d'œuvres artistiques. Consultez le site Web pour connaître les événements ; certains nécessitent d'acheter les billets à l'avance. (www.berns.se ; Berzelii park ; ⏲ club 23h-4h jeu-sam, parfois mer et dim, bar à partir de 17h tlj)

Absolut Icebar

BAR

15 Plan p. 40, B4

Certes, l'endroit est touristique. Mais cela vous intrigue, avouez, un bar entièrement fait de glace, où l'on boit

Comprendre

Petit et grand écran suédois

La Suède a connu un âge d'or à l'époque du cinéma muet, avec des chefs-d'œuvre comme *Körkarlen* (*La Charrette fantôme*) de Victor Sjöström réalisé en 1920. En 1967 sort *Je suis curieuse : jaune* de Vilgot Sjöman, un film sociopolitique dont la renommée internationale tient davantage au fait qu'il fut classé X qu'à son propos pourtant pertinent.

Bergman

Un homme a défini le cinéma suédois moderne : Ingmar Bergman. Avec des films contemplatifs tels *Le Septième sceau*, *À travers le miroir* et *Persona*, le réalisateur a exploré des thèmes métaphysiques comme l'aliénation humaine, l'absence de dieu, le sens de la vie et l'inéluctabilité de la mort.

Renouveau

Plus récemment, les villes suédoises de Trollhättan et Ystad sont devenues d'importants centres cinématographiques attirant des réalisateurs comme Lukas Moodysson, dont les films *Lilja 4-Ever*, *Fucking Åmål* et *Together* ont connu un succès public et critique. Après un passage à vide, Moodysson est revenu sur le devant de la scène en 2014 avec *We Are the Best!*, un film léger sur trois collégiennes qui décident de former un groupe de punk dans la Stockholm des années 1980.

Millenium

L'adaptation cinématographique du best-seller de Stieg Larsson, *Millenium, le film* (2009), avec Michael Nyqvist et Noomi Rapace, a été un immense succès commercial. Le premier tome de la série romanesque de Larsson a aussi fait l'objet d'un remake hollywoodien, *Millenium : Les hommes qui n'aimaient pas les femmes*, par le réalisateur David Fincher, avec Daniel Craig dans le rôle du journaliste, Mikael Blomkvist, et tourné principalement en décor naturel, en Suède.

Télévision

Bron (*The Bridge*), une excellente coproduction suédo-danoise, a également eu droit à son adaptation américaine. Cette série noire policière explore des thèmes inédits, comme les tensions au sein même de la Scandinavie, les problèmes liés à l'orientation sexuelle et au genre, ou encore le traitement des minorités et des immigrés, tout en imposant un certain langage visuel, purement scandinave.

dans des verres en glace à des tables de glace. Avec l'entrée vous seront fournis des chaussons chauds, des mitaines, une parka et une boisson. Consommations suivantes à 95 Skr. (08-50 56 35 20 ; www.icebarstockholm.se ; Vasaplan 4, Nordic 'C' Hotel ; pré-réservation en ligne/sur place 185/195 Skr ; 15h45-23h15 dim-jeu, dernière entrée 22h30 et 15h45-1h ven-sam, dernière entrée 0h15)

Sortir

Operan

OPÉRA

16 Plan p. 40, E5

Rendez-vous à l'Opéra royal pour écouter des ténors tonitruants, des sopranos émouvantes ou assister à un ballet classique. Vous pourrez vous procurer des billets bon marché pour des places à visibilité limitée. Des concerts sont également organisés à l'heure du déjeuner à prix intéressant (moins de 200 Skr ; déjeuner léger inclus). (08-791 44 00 ; www.operan.se ; Gustav Adolfs Torg, Operahuset ; billets 100-750 Skr ; M Kungsträdgården)

Fasching

JAZZ

17 Plan p. 40, B3

Le meilleur club de jazz de Stockholm accueille des concerts presque tous les soirs. Des DJ sont aux commandes le vendredi (afro-beat, latino, neo-soul ou R&B) et le samedi (retro-soul, disco, rare grooves). (08-53 48 29 60 ; www.fasching.se ; Kungsgatan 63 ; 18h-24h lun-jeu et dim, 18h-4h ven-sam ; M T-Centralen)

Glenn Miller Café

JAZZ, BLUES

18 Plan p. 40, D2

Plein de charme, ce petit bar jazz et blues attire une joyeuse clientèle d'habitués. On peut aussi s'y restaurer d'une excellente cuisine d'inspiration française à un prix abordable, telles les moules marinières. (08-10 03 22 ; Brunnsgatan 21A ; 17h-1h lun-jeu, 17h-2h ven-sam)

Konserthuset

MUSIQUE CLASSIQUE

19 Plan p. 40, C2

Ce joli bâtiment bleu propose des concerts de musique classique et d'autres merveilleux spectacles. Il est notamment la résidence de l'Orchestre philharmonique royal de Stockholm. (08-50 66 77 88 ; www.konserthuset.se ; Hötorget ; billets 80-325 Skr ; M Hötorget)

Stockholms Stadsteatern

THÉÂTRE

20 Plan p. 40, D4

Ce théâtre, logé à l'intérieur de la Kulturhuset, programme régulièrement des spectacles et invite aussi des troupes de théâtre étrangères. (08-50 62 02 00 ; www.stadsteatern.stockholm.se ; Kulturhuset, Sergels Torg ; billets 200-350 Skr ; M T-Centralen)

Dansens Hus

DANSE

21 Plan p. 40, B2

Étape obligée pour tout amateur de danse contemporaine.
La programmation est riche, du chorégraphe britannique Akram Khan

Comprendre
Design suédois

Avec un rapide tour d'horizon des vitrines de Stockholm, on se rend aisément compte que la capitale est un véritable musée vivant du design contemporain. Des briques de lait de Tom Hedqvist aux lampes "tutu" de Jonas Bohlin, les objets du quotidien sont une leçon de style et d'innovation.

Design démocratique

L'enseigne IKEA, qui prône le "design démocratique", est née en Suède. Ce concept ne vient pas de nulle part. En effet, le design suédois est pensé pour s'inscrire dans la vie de tous les jours, du logement privé aux discothèques.

L'influence d'IKEA a été considérable, rendant accessible à tous du mobilier de qualité à l'esthétique sobre. Cette idée d'objets bon marché et innovants est issue du design suédois moderne, qui considère la maison comme le point de départ de cet art et non sa finalité.

Où le trouver

Se plonger dans le design suédois et son histoire est très facile : une promenade dans la ville suffit. Mais cela vaut la peine de regarder les vitrines des magasins, notamment celles d'enseignes emblématiques comme Svenskt Tenn (p. 93) et la Nordiska Galleriet (p. 93).

Les grands magasins tels NK et PUB offrent aussi un bon aperçu de la manière dont les Suédois meublent leur maison.

Pour une approche plus historique, visitez le Nordiska Museet (p. 63) qui montre l'évolution du design suédois au fil du temps.

Vous pouvez aussi vous rendre dans certains hôtels, bars et restaurants branchés de la capitale. Le Sturehof (p. 91) a été rénové par Jonas Bohlin ; Thomas Sandell s'est occupé du **Café Opera** (☎08-676 58 07 ; www.cafeopera.se ; Karl XII's Torg ; entrée à partir de 160 Skr ; ⏲22h-3h mer-dim ; Ⓜ Kungsträdgården), une discothèque de Norrmalm ; et chacune des chambres du **Birger Jarl Hotel** (☎08-674 18 00 ; www.birgerjarl.se ; Tulegatan 8 ; ch cabine 690 Skr, s et d à partir de 890 Skr, studios à partir de 1 890 Skr ; P ⊖ ❄ @ ᯤ ; 🚌43 Tegnérgatan, Ⓜ Rådmansgatan) a été aménagée par un designer suédois différent.

à l'innovateur canadien Daniel Léveillé. (08-50 89 90 90 ; www.dansenshus.se ; Barnhusgatan 12-14 ; billets 300 Skr environ, demi-tarif pour les moins de 20 ans)

Shopping

Naturkompaniet MATÉRIEL DE PLEIN AIR

22 Plan p. 40, E2

Vous trouverez ici tout ce dont vous avez besoin pour une excursion en pleine nature : sacs à dos, sacs de couchage, chaussettes en laine, lampes frontales, réchauds, boussoles… Cette enseigne dispose d'autres points de vente dans la ville. (www.naturkompaniet.se ; Kungsgatan 4 ; 10h-18h30 lun-ven, 10h-17h sam, 12h-16h dim ; M Östermalmstorg)

Kartbutiken CARTES

23 Plan p. 40, C3

Ce vaste magasin vend toutes sortes de cartes et guides de Scandinavie et d'ailleurs, des centres urbains aux zones de randonnée reculées, ainsi qu'un bel éventail de cadeaux et gadgets. (08-20 23 03 ; www.kartbutiken.se ; Mäster Samuelsgatan 54 ; 10h-18h lun-ven, 10h 16h sam, 12h-16h dim ; M T-Centralen)

NK GRAND MAGASIN

24 Plan p. 40, E3

Ces Galeries Lafayette à la suédoise fondées en 1902 font partie des monuments de la ville : on peut apercevoir leur enseigne de presque partout à Stockholm. Vous y trouverez la plupart des grandes marques et plusieurs cafés agréables. Les rayons du sous-sol sont parfaits pour faire le plein de souvenirs et de produits d'épicerie fine. À Noël, ses vitrines rivalisent d'inventivité. (08-762 80 00 ; www.nk.se ; Hamngatan 12-18 ; 10h-20h lun-ven, 10h-18h sam, 11h-17h dim ; M T-Centralen)

PUB GRAND MAGASIN

25 Plan p. 40, C3

Grand magasin historique, PUB doit notamment sa renommée au fait que Greta Garbo y fut vendeuse dans sa jeunesse, ce que les publicitaires de l'enseigne ne se privent pas de rappeler. Temple de la mode, vous y trouverez des marques comme Stray Boys, House of Dagmar et Baum & Pferdgarten. Beau café sur place. (Drottninggatan 72-6 ; 10h-19h lun-ven, 10h-18h sam, 11h-17h dim ; M Hötorget)

Åhléns GRAND MAGASIN

26 Plan p. 40, C3

Le poids lourd des grands magasins suédois a forcément ce que vous cherchez. (08-676 60 00 ; Klarabergsgatan 50 ; 10h-21h lun-ven, 10h-19h sam, 11h-19h dim ; M T-Centralen)

Djurgården et Skeppsholmen

L'île de Djurgården rassemble quelques-uns des meilleurs musées de Stockholm dans un décor de rêve : jardins, rivière paisible, pistes cyclables, aires de pique-nique... Et tout cela à deux pas du centre de la ville. L'île voisine de Skeppsholmen, accessible par une petite passerelle, accueille elle aussi d'excellents musées.

L'essentiel en un jour

On peut facilement être tenté de passer la journée entière à **Skansen** (p. 52), mais il y a beaucoup d'autres choses à découvrir. Arrivez de bonne heure, en sachant ce que vous désirez voir (vous serez sans doute obligé de faire des choix). Déjeunez rapidement sur place avant de partir, ou rendez-vous au paisible **Blå Porten Café** (p. 66).

Consacrez ensuite une heure ou deux au **Vasamuseet** (p. 56), dédié à un vaisseau de guerre englouti. Si vous êtes avec des enfants assez grands, vous pouvez les envoyer au Vasamuseet pendant que vous visitez l'excellent **Spritmuseum** (p. 63), qui vous éclairera sur l'histoire de l'alcool en Suède. Le musée abrite en outre un agréable café.

Si vous avez programmé votre visite un mardi ou un vendredi, le **Moderna Museet** (p. 58) est ouvert jusqu'à 20h et vous aurez tout le temps d'y flâner. Profitez-en pour dîner au restaurant primé du musée.

Pour une journée 100% Stockholm à Djurgården, rendez-vous p. 60.

Les incontournables

Skansen (p. 52)
Vasamuseet (p. 56)
Moderna Museet (p. 58)

100% Stockholm

Escapade à Djurgården (p. 60)

Le meilleur du quartier

Musées et galeries
Nordiska Museet (p. 63)
Spritmuseum (p. 63)

Se restaurer
Rosendals Trädgårdskafe (p. 67)

Avec des enfants
Skansen (p. 52)
Junibacken (p. 64)
Aquaria Vattenmuseum (p. 64)
Gröna Lund Tivoli (p. 65)

Comment y aller

Bus 44, 65, 69

Tram ligne 7 depuis Norrmalmstorg

Djurgårdsfärjan Un ferry relie Djurgården à Slussen et Skeppsholmen toutes les 10 min ; gratuit avec la carte SL

Tunnelbana Kungsträdgården, T-Centralen

Les incontournables
Skansen

Le premier musée en plein air d'Europe a été fondé en 1891 par Artur Hazelius, pour donner aux visiteurs un aperçu de la Suède d'autrefois. Du haut de sa colline, il accueille plus de 150 habitations traditionnelles des quatre coins du pays, ainsi que des ateliers, des boutiques et un zoo d'animaux nordiques. Vous aurez du mal à faire le tour de cette véritable Suède en miniature, qui ravira petits et grands.

Plan p. 62, D3

www.skansen.se

Djurgårdsvägen

adulte/enfant 170/60 Skr

10h-20h fin juin-août

44, Djurgårdsfärjan, 7, Djurgården

La cuisson du pain

À ne pas manquer

Zoo de Skansen

Le zoo de Skansen, avec ses élans, ses rennes, ses carcajous, ses lynx et autres représentants de la faune locale, est très agréable, surtout au printemps, quand les petits viennent de naître (les oursons bruns sont irrésistibles). Environ 75 espèces endémiques vivent ici, de même que quelques espèces importées. Dans une partie du zoo, les enfants peuvent approcher de petits animaux familiers – chats, chèvres, poules...

Atelier de souffleurs de verre

Cet atelier est un incontournable ; on peut y admirer le travail des souffleurs de verre et observer la formation de la pâte de verre en fusion. Autrefois logé dans un sous-sol à Slussen, l'atelier a emménagé à son endroit actuel en 1936. La femme qui le dirige aujourd'hui appartient à la troisième génération de la famille d'origine.

Bâtiments sauvegardés

Skansen abrite une boulangerie toujours en activité, une banque, un bureau de poste, un atelier d'usinage, des jardins botaniques et la demeure du créateur, Artur Hazelius. Une partie de la pharmacie du château de Drottningholm a été déplacée ici ; deux cabanes proviennent de Tantolunden, un jardin ouvrier de Södermalm. On peut aussi y voir un campement sami, des fermes représentant plusieurs régions, un manoir et une école.

Musique et événements

Des spectacles de danse traditionnelle ont lieu tous les jours à Skansen et le site accueille un grand festival d'été (le premier vendredi après le 19 juin). Si vous séjournez à Stockholm au moment d'une fête nationale, comme la nuit

À savoir

- Les prix et les horaires varient selon la saison (tout comme l'heure de fermeture des ateliers) : consultez le site Web.
- De mi-juin à fin août, les ferries Waxholmsbolaget (www.waxholmsbolaget.se) relient Slussen à Djurgården toutes les 10 minutes ; la carte SL est valable à bord. Le trajet dure cinq minutes.
- Une carte et une excellente brochure en anglais sont proposées.
- Vous pouvez emprunter l'escalator jusqu'en haut de la colline et redescendre tranquillement à pied.

Une petite faim ?

Juste en face de l'entrée du Skansen, vous trouverez le charmant Blå Porten Café (p. 66), qui sert des plats simples dans un jardin. Pour un repas plus chic, rendez-vous au Wärdshuset Ulla Winbladh (p. 67).

Comprendre

Le passé comme si vous y étiez

Les bâtiments de l'écomusée représentent différents commerces et secteurs de l'industrie de la Suède d'autrefois. À l'intérieur, des artisans, des musiciens ou des cuisiniers en costume d'époque sont toujours prêts à répondre aux questions des visiteurs.

de Walpurgis (30 avril) ou la Sainte-Lucie (13 décembre), des célébrations sont organisées. En été, ne manquez pas Allsång, une émission télévisée musicale qui prend place sur la scène principale.

Aquarium

L'**aquarium de Skansen** (Akvariet ; adulte/enfant 100/60 Skr) mérite le détour. Il abrite notamment des piranhas, des lémuriens et des ouistitis pygmées (les plus petits singes du monde). Consultez les horaires à l'entrée principale de Skansen (contrairement à la plupart des sites de Skansen, l'aquarium applique un droit d'entrée distinct).

Tobaks och Tändsticksmuseum

Ce musée est consacré à l'histoire et à la culture du tabac, ainsi qu'à la fabrication des fameuses allumettes de sûreté suédoises. Vous pourrez aussi en savoir plus sur le *snus* (tabac à chiquer), très populaire en Suède, et apprendre à préparer votre propre mélange. Des dégustations de cigare sont parfois proposées. Consultez le site Web de Skansen pour les horaires.

Biologiska Museet

Aussi intéressant pour son bâtiment en bois qui craque que pour sa collection, ce musée de 1893 présente sur deux niveaux circulaires des animaux empaillés parfois très rares, dans des décors reproduisant leur habitat naturel étonnamment réalistes.

Entrepôt Vastveit

Cette petite cabane en bois massif située tout au nord de Skansen est un entrepôt importé de Norvège dont certaines parties datent du XIVe siècle. Il s'agit du plus ancien bâtiment du parc. Sa forme est typique des cabanes traditionnelles suédoises.

Dalahäst

Le *Dalahäst* (ou cheval de Dalécarlie) est une figurine de cheval en bois peint, généralement en rouge, originaire de la région de Dalécarlie. Le parc en possède une version géante, très appréciée des jeunes enfants. Vous trouverez également une aire de jeux sur Orsakullen, en plein centre de Skansen, avec toilettes et stands de restauration à proximité. Des *Dalahästar* de taille plus pratique sont en vente dans la principale boutique de souvenirs de Skansen (et partout en ville).

0
400 m
Djurgårdsbrunnsviken
Ladugårdslandsviken
Strandvägen
Djurgårdsbron
Nobelgatan
Nobelparken
Nordiska Museet - Vasamuseet
Djurgårdsvägen
Galärvarvsvägen
Galärparken
Galärkyrkogården
Hazeliusporten
Hazeliusporten
Biologiska Museet
Hazeliusbacken
Djurgårdsvägen
Konsthallen Grönalund
Atelier de souffleurs de verre
Rosendalsvägen
De Beschesväg
Sirishovsvägen
Djurgården
Rosendalsterrassen
Orangerivägen
DJURGÅRDEN
Bellmans Väg
Zoo
Sollidsbacken
Tobaks och Tändsticksmuseum
Aquarium
Djurgårdsslätten
Skansen
Sollidsbacken
Singelbacken
Bellmansro
Djurgårdsvägen
Waldermarsudde
Waldemarsviken
Långa Gatan
Sjömansgränd
Bergsgränd
Skeppsholmen
Svensksundsparken
Saltsjön
Kastellholmen
Kastellparken
Örlogsvägen

Les incontournables
Vasamuseet

Imposant vaisseau de guerre et fierté de la Couronne suédoise, le *Vasa* (69 m de longueur, 52 m de hauteur) appareilla pour son voyage inaugural le 10 août 1628. Quelques minutes seulement après, le bateau et ses 100 membres d'équipage sombraient au fond du Saltsjön. Le musée retrace les opérations qui ont permis de le remonter à la surface et de le réassembler tout en les replaçant dans leur contexte historique.

Plan p. 62, B2

www.vasamuseet.se

Galärvarvsvägen 14

adulte/- de 18 ans 130 Skr/ gratuit, 100 Skr mer 10h-17h

8h30-18h mai-août, 10h-17h tlj et 10h-20h mer sept-mai

44, Djurgårdsfärjan, 7 Nordiska museet/Vasa

À ne pas manquer

Pièces exposées

Le musée présente sur cinq niveaux les objets récupérés sur le *Vasa*, la vie à bord, les combats navals et la navigation au XVIIe siècle. Le rez-de-chaussée s'intéresse à la vie des malheureux passagers, avec une installation émouvante qui permet de découvrir leur visage, reconstitué grâce aux techniques de la médecine légale. Le navire a été remonté à la surface en 1961 et sa structure en bois de 14 000 pièces réassemblée. Des expositions temporaires sont régulièrement proposées.

Pendant ce temps

L'exposition permanente, *Meanwhile* ("Pendant ce temps"), replace la catastrophe du *Vasa* dans son contexte historique à l'aide d'images évoquant des événements qui se sont déroulés au même moment, aux quatre coins du globe, donnant ainsi une résonance concrète aux événements.

Modèle réduit

Près de l'entrée, un modèle réduit du bateau à l'échelle de 1/10 a été peint à partir de recherches approfondies sur l'aspect que devait avoir le vaisseau à l'origine. Après l'avoir observé, admirez les décorations qui ornent le vrai *Vasa*. La poupe, en particulier, est magnifique. Très endommagée dans l'accident, elle a fait l'objet d'une restauration méticuleuse.

Pont supérieur

La reconstruction du pont supérieur permet aux visiteurs d'avoir un aperçu de la vie à bord d'un navire de cette taille. Le *Vasa* possédait deux ponts, avec un nombre anormalement élevé de canons (64 pour être exact), qui pourrait en partie expliquer son chavirement.

☑ À savoir

- Des visites guidées en anglais sont organisées toutes les 30 minutes en été.
- Près de l'entrée du musée, un cinéma diffuse un film de 25 minutes sur des thèmes qui ne sont pas abordés dans les expositions (en anglais à 9h30 et 13h30 tous les jours en été).
- Vous pouvez monter sur le pont supérieur reconstitué, mais pas sur le vrai bateau pour des raisons de sécurité.

Une petite faim ?

Un restaurant à l'intérieur du musée sert du café, des boissons et des repas complets. À l'extérieur, vous êtes proche du Blå Porten Café (p. 66) et son jardin, ou du plus chic Wärdshuset Ulla Winbladh (p. 67), qui dispose lui aussi d'une agréable terrasse.

Les incontournables
Moderna Museet

Le Moderna Museet est le temple de l'art moderne à Stockholm, avec une remarquable collection de peintures, sculptures, photographies, art vidéo et installations. On peut y admirer des œuvres de Pablo Picasso, Salvador Dalí, Andy Warhol et Damien Hirst, ainsi que de leurs contemporains scandinaves et d'artistes moins célèbres.

Le musée propose aussi des expositions temporaires bien conçues et des rétrospectives (nécessitant parfois l'achat d'un billet séparé), souvent consacrées à des artistes scandinaves.

Plan p. 62, A3

www.modernamuseet.se

Exercisplan 4

adulte/- de 18 ans 120 Skr/gratuit, 18h-20h ven gratuit

10h-18h mer, jeu, sam et dim, 10h-20h mar et ven

65, Djurgårdsfärjan

Sculptures extérieures

À ne pas manquer

Première galerie : de 1900 aux années 1940

Les galeries de l'étage principal du musée sont organisées par époque, en dehors du grand espace réservé aux expos temporaires. Dans la première des trois galeries accueillant la collection permanente, se trouvent des œuvres des premiers modernistes, comme Edvard Munch et Ernst Ludwig Kirchner. Découvrez *Le Cerveau de l'enfant* de Giorgio de Chirico et les pièces de Marcel Duchamp.

Deuxième galerie : de l'après-guerre aux années 1970

La deuxième galerie présente les artistes et les œuvres les plus célèbres : le portrait de Lucian Freud par Francis Bacon, les collages *Apollon* de Henri Matisse qui couvrent un mur entier ; Salvador Dalí, Georges Braque et Pablo Picasso sont aussi représentés. On peut y admirer une des *Combines* de Robert Rauschenberg, une pièce de 1959 consistant en une chèvre empaillée passée dans un pneu et disposée sur un collage.

Troisième galerie : des années 1970 à aujourd'hui

La troisième galerie expose les dernières acquisitions de la collection permanente. On peut y voir des toiles de Barbara Kruger, des installations de Donald Judd et les travaux audacieux d'artistes plus méconnus.

Sculptures extérieures

Plusieurs sculptures d'une grande variété d'artistes ornent les jardins du musée. Les plus voyantes sont les grandes silhouettes et "nanas" colorées de Niki de Saint Phalle et Jean Tinguely, qui forment *Le Paradis fantastique*. Il y a également une sculpture d'Alexander Calder et une autre de Picasso, ainsi que des pièces de sculpteurs suédois.

À savoir

- L'entrée est gratuite entre 18h et 20h le vendredi.
- Le musée est fermé le lundi.
- Notez que la collection permanente est régulièrement réorganisée et que certaines œuvres sont parfois prêtées à d'autres musées.
- Possibilité de se procurer un billet combiné avec le Arkitektur- och Designcentrum (p. 66 ; 180 Skr).

Une petite faim ?

Sur place, vous trouverez un **restaurant** (menu du midi 120 Skr ; 11h-14h) très prisé, avec une vue magnifique sur la mer ; un bar dans le hall (à côté de l'excellente librairie) ; et un petit **café** tout simple (salades et sandwichs 115-125 Skr) dans une jolie cour.

100% Stockholm
Escapade à Djurgården

Dans un monde idéal, toutes les villes disposeraient d'un lieu comme Djurgården, un havre de verdure à l'écart de l'agitation urbaine. Cette île, pourtant située à deux pas du centre-ville, est tout à fait dépaysante. Elle abrite le Skansen et d'autres excellents musées, mais les Stockholmois apprécient surtout ses paisibles sentiers qui serpentent dans la forêt, où l'on vient faire du sport, pique-niquer ou simplement flâner.

❶ Porte bleue

Dès que vous aurez posé le pied sur le pont (Djurgårdsbron) entre Norrmalm et Djurgården, vous découvrirez une imposante porte en fer forgé bleu vif sur votre gauche. Franchissez-la, et vous cheminerez sur le sentier qui longe Djurgårdsbrunnsviken, le cours d'eau qui sépare Djurgården de Ladugårdsgärdet au nord. Profitez-en pour admirer les canetons et les bateaux qui passent.

2 Rosendal

Vous finirez par trouver des pancartes indiquant la direction du **Rosendals Slott** (08-402 61 30 ; www.kungahuset.se ; Rosendalsvägen 49 ; adulte/étudiant/- de 18 ans 100/50 Skr/gratuit ; toutes les heures 12h-15h mar-dim juin-août ; 44, 69, 7), palais construit pour le roi Charles XIV dans les années 1820 et l'un des plus beaux exemples d'intérieurs de style Empire en Suède. L'entrée n'est accessible que dans le cadre d'une visite guidée, mais les abords méritent à eux seuls le détour, et c'est un monument qui permet de se repérer sur l'île.

3 Jardins botaniques

Les *trädgård* (jardins botaniques) adjacents au Rosendals Slott méritent aussi une visite. Leur vocation est de sensibiliser le public aux techniques et aux avantages de la culture biologique. On y cultive notamment des herbes, des roses, des légumes et des vignes. L'orangerie a été édifiée par le roi Oscar Ier, en 1848.

4 Biskopsudden

La bande de terre qui se détache légèrement de l'île principale offre une vue imprenable sur Stockholm. Installé au bord de l'eau, le **Cafe Ekorren** (www.cafeekorren.se ; Biskopsvägen 5 ; déj tlj 98 Skr, plats 165-185 Skr ; 10h-19h ; 47, 69) est l'endroit idéal pour prendre un café et une glace (fait aussi restaurant).

5 Jardins de la galerie Waldemarsudde

Les jardins qui entourent l'excellente galerie **Prins Eugen Waldemarsudde** (p. 64 : 08-54 58 37 07 ; www.waldemarsudde.com ; Prins Eugens väg 6 ; adulte/étudiant et senior/enfant 120/100 Skr/gratuit ; 11h-17h mar-dim, 11h-20h jeu, jardins 8h-21h ; 7), émaillés de sculptures, sont magnifiquement aménagés, avec une multitude de sentiers qui longent la rive et offrent des points de vue uniques. C'est ici que le prince Eugène est enterré, dans un paisible petit taillis. Emportez votre appareil photo.

6 Mémorial de l'Estonia

En vous dirigeant vers le pont par lequel vous êtes arrivé, vous passerez devant les musées qui entourent Skansen. Faites un petit détour pour voir le monument construit en hommage aux victimes de l'*Estonia*, un ferry qui a fait naufrage le 28 septembre 1994, entraînant la mort de 852 personnes.

Nos adresses
Les incontournables p. 52
Voir p. 63
Se restaurer p. 66
0
200 m
N
A
B
C
D
E
1
2
3
4
Djurgården
DJURGÅRDEN
Skansen
Vasamuseet
Moderna Museet
1 Nordiska Museet
2 Spritmuseum
3 Junibacken
4 Aquaria Vattenmuseum
5 ABBA The Museum
6 Prins Eugens Waldemarsudde
7
8 Gröna Lund Tivoli
9 Liljevalchs Konsthall
10 Arkitektur- och Designcentrum
11 Östasiatiska Museet
12
13
14
Office du tourisme de Djurgården
Nordiska Museet - Vasamuseet
Hazeliusporten
Konsthallen Grönalund
Djurgårdsslätten
Bellmansro
Waldermarsudde
Styrmansgatan
Djurgårdsbron
Narvavägen
Strandvägen
Riddargatan
Grevgatan
Tram ligne 7
Ulrikagatan
Dag Hammarskjölds väg
Nobelgatan
Djurgårdsbrunnsviken
Ladugårdslandsviken
Galärparken
Galärvarvsvägen
Galärkyrkogården
Slupskjulsvägen
Tyghusparken
Batteriparken
Excercisplan
Svensksundsparken
Långa Raden
Skeppsholmen
Amiralitetsparken
Kastellparken
Kastellholmen
Lilla Allmänna Gränd
Gröna Lund
Saltsjön
Strömmen
Beckholmen
Waldemarsviken
Djurgårdsvägen
Singelbacken
Solliddsbacken
Rosendalsvägen
Sirishovsvägen
De Besches Väg
Rosendalsterrassen
Orangerivägen
Valmundsvägen
Prins Eugens väg

Spritmuseum

Voir

Nordiska Museet

MUSÉE

1 Plan p. 62, B2

Avec ses tourelles et son allure Renaissance néosuédoise, l'édifice emblématique d'Isak Gustaf Clason (érigé en 1907) ne passe pas inaperçu. Le Nordiska est le plus grand musée consacré à l'histoire culturelle du pays. Il abrite une vaste collection qui reflète l'évolution de la vie suédoise du XVIe siècle à nos jours. Les expositions sont éclectiques : folklore sami, mode, intérieurs et même histoire des couverts. (08-51 95 47 70 ; www.nordiskamuseet.se ; Djurgårdsvägen 6-16 ; adulte/- de 18 ans 100 Skr/gratuit, 17h-20h mer sept-mai gratuit ; 10h-17h tlj, jusqu'à 20h mer ; 44, 69, Djurgårdsfärjan, 7)

Spritmuseum

MUSÉE

2 Plan p. 62, B2

Le Spritmuseum s'intéresse à la relation complexe qu'entretient la Suède avec l'alcool, dans un pays où la vente de vins et spiritueux est un monopole d'État, exercé par les magasins Systembolaget. L'exposition permanente de espace moderne, dédié à l'histoire de la fabrication et de la consommation d'alcools de toutes sortes, ne manque pas d'évoquer les traditions, les chansons et les plats qui y sont associés. Il est possible d'agrémenter sa visite d'un parcours de dégustation (200 Skr), avec divers breuvages à goûter à différents endroits. (Musée des Alcools ; ☎08-12 13 13 00 ; www.spritmuseum.se ; Djurgårdsvägen 38 ; adulte/étudiant et 12-18 ans/- de 18 ans 100/90 Skr/gratuit ; ⏲10h-18h tlj, 10h-20h mar juin-août, 10h-17h tlj, 10h-20h mar sept-mai ; 🚌44, 69, ⛴Djurgårdsfärjan, 🚋7)

Junibacken

PARC D'ATTRACTIONS

3 ◉ Plan p. 62, B2

Paradis pour les petits et les grands, ce parc à thème recrée des scènes tirées des livres pour enfants d'Astrid Lindgren. Ici, on survole Stockholm à bord du Train enchanté, on rapetisse jusqu'à atteindre la taille d'un morceau de sucre, et l'on achève le voyage à la Villa Villekulla où les enfants peuvent s'en donner à cœur joie et se déguiser en Fifi Brindacier. Sur place également : café et excellente librairie pour enfants. (www.junibacken.se ; Djurgården ; adulte/enfant 159/139 Skr ; ⏲10h-17h ou 18h tlj selon la saison ; 👪 ; 🚌44, 69, ⛴Djurgårdsfärjan, 🚋7)

Aquaria Vattenmuseum

MUSÉE

4 ◉ Plan p. 62, B3

Cet aquarium, qui accueille hippocampes, requins, piranhas et poissons-clowns, fait découvrir au visiteur différents écosystèmes, de la jungle tropicale au récif corallien en passant par les égouts, tout en attirant son attention sur la fragilité de l'environnement marin. Faites coïncider votre visite avec les séances de nourrissage qui ont lieu tous les jours à 11h, 13h30 et 14h30. (☎08-660 90 89 ; www.aquaria.se ; Falkenbergsgatan 2 ; adulte/6-15 ans/3-5 ans 100/55/30 Skr ; ⏲10h-16h30 mar-dim ; 👪 ; 🚌44, 69, ⛴Djurgårdsfärjan, 🚋7)

ABBA The Museum

MUSÉE

5 ◉ Plan p. 62, C3

Ce musée dédié aux demi-dieux de la pop suédoise fera le bonheur des fans qui en attendaient fébrilement l'ouverture. Il recèle une quantité étourdissante de souvenirs et d'installations interactives. Tout y est : guitares rutilantes, photos anciennes de Benny, Björn, Frida ou Agnetha, vidéos cultes, costumes de scène extravagants ou encore le bus dans lequel le groupe se déplaçait à ses débuts. Réjouissant et étourdissant. (☎08-12 13 28 60 ; www.abbathemuseum.com ; Djurgårdsvägen 68 ; adulte/enfant/- de 7 ans 195/65 Skr/gratuit ; ⏲10h-20h tlj, horaires plus restreints en hiver ; 🚌44, ⛴Djurgårdsfärjan, 🚋7)

Prins Eugens Waldemarsudde

MUSÉE

6 ◉ Plan p. 62, E4

Surnommé le "prince peintre", le Prins Eugens (prince Eugène, 1865-1947) vécut dans cette villa qui abrite aujourd'hui sa collection d'art scandinave avec des œuvres d'Anders Zorn et Carl Larsson, et des paysages peints par le maître des lieux. Au rez-de-chaussée se visitent les appartements du prince, conservés en l'état. Le jardin en terrasses, avec sa vue sur la mer, est ouvert au public et abrite un moulin à vent du XVIIIe siècle. (☎08-54 58 37 07 ; www.waldemarsudde.com ;

Attraction décoiffante au Gröna Lund Tivoli

Prins Eugens väg 6 ; adulte/étudiant et senior/- de 19 ans 120/100 Skr/gratuit ; 11h-17h mar-dim, 11h-20h jeu, jardins 8h-21h ; 7)

Thielska Galleriet GALERIE

7 Plan p. 62, E3

Les passionnés d'art scandinave viennent ici admirer la collection pointue d'œuvres de Carl Larsson, Anders Zorn, Ernst Josephson et Bruno Liljefors, ainsi que des tableaux et des croquis d'Edvard Munch, dont un portrait de l'ancien propriétaire de la collection, le magnat Ernest Thiel. Visite guidée en anglais gratuite à 14h le vendredi en été. (08-662 58 84 ; www.thielska-galleriet.se ; Sjötullsbacken 8 ; adulte/étudiant/- de 18 ans 100/80 Skr/gratuit ; 12h-17h mar-dim, jeu 10h-20h ; 69)

Gröna Lund Tivoli PARC D'ATTRACTIONS

8 Plan p. 62, C3

Ce parc très fréquenté propose une trentaine d'attractions, de la plus inoffensive (un carrousel allemand) à la plus terrifiante (la Chute libre, où l'on tombe d'une hauteur de 80 m en six secondes – avec peu de temps pour apprécier la superbe vue). La carte Åkband, valable une journée, donne un accès illimité aux attractions. À l'unité, les tarifs varient entre 20 Skr et 60 Skr le tour. Nombreux stands vendant boissons et en-cas sur place. (www.gronalund.com ; Lilla Allmänna grand 9 ; adulte/- de 7 ans et senior 110 Skr/gratuit, carte accès illimité Åkband 310 Skr ; 10h-23h en été, horaires plus restreints le reste de l'année ; ; 44, Djurgårdsfärjan, 7)

Liljevalchs Konsthall

GALERIE

9 Plan p. 62, C3

Ouvert en 1916, le Liljevalchs propose au moins quatre grandes expositions par an d'artistes contemporains suédois et internationaux, notamment le salon Vårsalongen, au printemps. (08-50 83 13 30 ; www.liljevalchs.se ; Djurgårdsvägen 60 ; adulte/étudiant et senior/- de 18 ans 80/60 Skr/gratuit ; 11h-17h juin-août, horaires plus restreints le reste de l'année ; 44, 69, Djurgårdsfärjan, 7)

Arkitektur- och Designcentrum

MUSÉE

10 Plan p. 62, A3

Attenant au Moderna Museet et aménagé dans une ancienne salle d'entraînement militaire, le Centre d'architecture et de design retrace 1 000 ans d'histoire de l'architecture et du design suédois (des cabanes rustiques à l'architecture contemporaine) au travers d'une collection de 2,5 millions de documents, photos, plans, dessins et maquettes. Les expositions temporaires font également la part belle aux grands noms de l'architecture internationale. Des visites guidées dans Stockholm sont organisées par le centre ; consultez le site Web ou renseignez-vous à l'accueil. (08-58 72 70 00 ; www.arkdes.se ; Exercisplan 4 ; adulte/- de 19 ans 80 Skr/gratuit, 16h-18h ven gratuit, billet combiné avec le Moderna Museet 180 Skr ; 10h-20h mar, 10h-18h mer-dim ; 65, Djurgårdsfärjan)

Östasiatiska Museet

MUSÉE

11 Plan p. 62, A2

Le musée des Antiquités d'Extrême-Orient renferme un trésor d'œuvres d'art oriental ancien. Mention spéciale pour l'importante collection de poteries en grès et de porcelaines des dynasties chinoises Song, Ming et Qing, et pour les collections temporaires plus contemporaines couvrant aussi bien les mangas japonais que l'art vidéo chinois. Nichée dans le musée, la bibliothèque d'Extrême-Orient constitue le centre de documentation de référence le plus important de Scandinavie sur le sujet. (www.ostasiatiska.se ; Tyghusplan ; adulte/enfant 80 Skr/gratuit ; 11h-20h mar, 11h-17h mer-dim ; 65)

Se restaurer

Blå Porten Café

CAFÉ $$

12 Plan p. 62, C3

Bonne adresse pour déjeuner, ce café est idéal par temps ensoleillé, car on peut alors profiter du cadre romantique de la cour arborée. Mais que le ciel soit bleu ou non, les appétissants gâteaux et pâtisseries sont toujours là pour allécher les clients. Nombre de musées de Djurgården sont situés tout près de là. L'établissement propose aussi des plats scandinaves et d'inspiration internationale. (08-663 87 59 ; www.blaporten.com ; Djurgårdsvägen 64 ; plats 85-155 Skr ; 11h-19h lun et ven-dim, 11h-21h mar et jeu ; ; 47 Liljevalc Gröna Lund, 7 Liljevalc Gröna Lund)

Blå Porten Café

Rosendals Trädgårdskafe CAFÉ $$

13 Plan p. 62, E2

Niché au milieu des serres d'un ravissant jardin botanique (p. 61), ce café propose de divins desserts, soupes, salades et sandwichs pour le déjeuner, tous bio et concoctés pour la plupart avec les produits du jardin. (08-54 58 12 70 ; www.rosendalstradgard.se ; Rosendalsterrassen 12 ; plats 85-145 Skr ; 11h-17h lun-ven, 11h-18h sam-dim mai-sept, fermé lun fév-avr et oct-déc ; P ; 44, 69, 76 Djurgårdsbron, 7)

Wärdshuset Ulla Winbladh SUÉDOIS $$$

14 Plan p. 62, C2

Cette villa, qui porte le nom de l'une des maîtresses du poète Carl Michael Bellman, a été édifiée pour accueillir une boulangerie lors de l'Exposition universelle de Stockholm en 1897, et sert aujourd'hui une cuisine raffinée. Prenez place dans l'une de ses salles intimes ou dans son charmant jardin pour déguster de délicieuses spécialités scandinaves revisitées, pour la plupart à base de poissons et de pommes de terre. Régalez-vous de l'assiette de hareng accompagnée de pain scandinave maison ou d'un steak tartare avec ses câpres, betteraves pickles, jaune d'œuf cuit et oignons frits. (08-53 48 97 01 ; www.ullawinbladh.se ; Rosendalsvägen 8 ; entrées 125-265 Skr, plats 155-295 Skr ; 11h30-22h lun, 11h30-23h mar-ven, 12h30-23h sam, 12h30-22h dim ; Djurgårdsfärjan, 7)

Explorer

Södermalm

Récemment consacré troisième quartier le plus branché du monde par le magazine américain *Vogue*, Södermalm n'a plus rien du faubourg ouvrier d'autrefois. C'est aujourd'hui le centre de l'effervescence créatrice de Stockholm, où se concentrent musées, boutiques tendance, bars et restaurants bobos.

L'essentiel en un jour

Réputé pour sa vie nocturne, Södermalm accueille également nombre de musées intéressants, qui plairont à toute la famille. Commencez par le **Stockholms Stadsmuseum** (p. 76), qui propose une plongée dans l'histoire de la ville et de son développement au fil des ans.

Offrez-vous un rafraîchissement ou un déjeuner végétarien chez **Chutney** (p. 77), un petit café chaleureux qui affiche un excellent rapport qualité/prix. Montez ensuite dans un bus pour rejoindre deux musées logés dans un même bâtiment : le **Leksaksmuseet** (p. 76) et le **Spårvägsmuseet** (p. 76), dédiés respectivement aux jouets et aux transports.

Revenez vers Slussen pour faire un tour à **Fotografiska** (p. 70), qui reste ouvert assez tard. Ensuite, vous aurez bien mérité une bière que vous choisirez parmi la vaste sélection proposée par **Akkurat** (p. 80).

Pour une soirée 100% Stockholm à Södermalm, rendez-vous p. 72.

Les incontournables

Fotografiska (p. 70)

100% Stockholm

Tournée des bars à Södermalm (p. 72)

Le meilleur du quartier

Se restaurer

Chutney (p. 77)

Hermans Trädgårdscafé (p. 76)

Prendre un verre

Pet Sounds Bar (p. 79)

Akkurat (p. 80)

Avec des enfants

Spårvägsmuseet (p. 76)

Leksaksmuseet (p. 76)

Musique

Debaser Medis (p. 72)

Mosebacke Etablissement (p. 81)

Comment y aller

Ⓜ **Tunnelbana** Slussen, Medborgarplatsen, Zinkensdamm

Les incontournables
Fotografiska

Ce musée de la Photographie chic et pointu propose des expositions temporaires intéressantes et bien présentées. Il a déjà accueilli une rétrospective de Robert Mapplethorpe et des portraits du cinéaste indépendant Gus Van Sant. Le musée attire environ 500 000 visiteurs par an. Il organise des stages de photo et programme de temps à autre des concerts ou d'autres événements. Cerise sur le gâteau, il bénéficie d'un emplacement de choix à Stockholm.

Plan p. 74, G2

www.fotografiska.eu

Stadsgårdshamnen 22

adulte/étudiant et senior/- de 12 ans 120/90 Skr/gratuit

9h-23h tlj

M Slussen

À ne pas manquer

Collection permanente

Le musée accueille des archives photographiques en plus de son espace d'exposition. Son importante collection permanente s'intéresse aux photographes scandinaves et internationaux. Les frères Jan et Per Broman ont ouvert ce musée en 2010, mais la création d'un tel lieu était en discussion depuis les années 1940.

Expositions temporaires

Outre sa collection permanente, le musée organise quatre grandes expositions temporaires par an (généralement une rétrospective d'un grand nom de la photographie), ainsi que 15 ou 20 expositions temporaires plus modestes. Récemment, Fotografiska a exposé une riche collection de photos en noir et blanc de Sebastião Salgado, mais aussi des artistes comme Annie Leibovitz, David LaChapelle, Klara Kallstrom et Johan Wik. Ces expositions sont le plus souvent accompagnées d'informations détaillées en anglais.

Le bâtiment

Fotografiska occupe un immense édifice (5 500 m^2) en brique de style Art nouveau, dessiné par l'architecte Ferdinand Boberg et construit en 1906. Ancien bâtiment des douanes, il a subi des travaux de restauration très coûteux qui ont permis de transformer l'intérieur, tout en conservant sa façade d'origine.

Boutique du musée

Prévoyez de passer un peu de temps à la boutique du musée, particulièrement bien fournie. On y trouve une collection de petits appareils photo originaux, ainsi que des centaines de tirages à vendre, sans oublier, bien sûr, des livres de photographie, des cartes postales, des affiches etc.

À savoir

- Pour accéder au musée, longez la mer en suivant les panneaux depuis la station de *tunnelbana* Slussen.

Une petite faim ?

En été, la terrasse installée devant l'entrée du musée devient Grill, un bar animé qui sert des cocktails et quelques plats du jour pour le dîner, avec des DJ aux platines. Au dernier étage du musée, un autre bar sert du café, des gâteaux, ainsi que de délicieux sandwichs et salades toute l'année. La vue depuis ses fenêtres panoramiques est époustouflante.

Si vous êtes prêt à quitter le musée, grimpez l'escalier situé derrière le bâtiment jusqu'au Hermans Trädgårdskafe (p. 76) pour un buffet végétarien avec vue.

100% Stockholm
Tournée des bars à Södermalm

L'ambiance artistique et bohème qui règne à Södermalm est la promesse d'une soirée sympathique et festive. Vous trouverez forcément votre bonheur, des bars sans prétention aux établissements au design impeccable.

❶ Medborgarplatsen

Aux abords de la vaste place Medborgarplatsen, tous les bars disposent d'une terrasse. Le plus décontracté est sans doute le **Debaser Medis** (☎08-694 79 00 ; www.debaser.se ; Medborgarplatsen 8 ; ⌚19h-1h dim-jeu, 20h-3h ven-sam ; Ⓜ Medborgarplatsen), mais choisissez celui dont l'ambiance correspond à votre humeur.

❷ Mariatorget
Remontez légèrement vers le nord-ouest en direction de la jolie place Mariatorget, où vous pourrez siroter un verre sur la terrasse ou le balcon de l'hôtel **Rival** (☎08-54 57 89 24 ; www.rival.se ; Mariatorget 3 ; ⏱17h-24h jeu-sam ; Ⓜ Mariatorget), dont Benny Andersson, ancien membre d'ABBA, est propriétaire.

❸ Marie Laveau
Aménagé dans une ancienne fabrique de saucisses le long de Hornsgatan, **Marie Laveau** (www.marielaveau.se ; Hornsgatan 66 ; ⏱11h-3h ; Ⓜ Mariatorget) attire une clientèle d'hédonistes bobos venus faire la fête. Le bar à l'ambiance chic et grunge sert de délicieux cocktails, tandis que le club en sous-sol accueille des soirées le week-end, notamment une soirée *britpop* mensuelle. Consultez le site Web pour le programme.

❹ Nada
Rejoignez le cœur de l'action, à SoFo, contraction de Söder am Folkungagatan, littéralement "au sud de Folkungagatan". Avec son doux éclairage tamisé, ses lustres et son luxueux bar noir, **Nada** (☎08-644 70 20 ; Åsögatan 140 ; ⏱17h-1h lun-sam ; Ⓜ Medborgarplatsen) est un établissement douillet qui attire les fêtards entre 20 et 30 ans. Les DJ mixent pendant que les serveurs préparent des cocktails élaborés derrière le bar.

❺ Snotty's
À quelques rues de Nada, **Snotty's** (Skånegatan 90 ; pintes 52 Skr environ ; ⏱16h-1h) est un des établissements les plus sympathiques et décontractés de Stockholm. Il y règne une atmosphère vaguement rétro, que soulignent son bar en bois et ses pochettes de disques aux murs.

❻ Bara Enkelt
Dans la même rue que le Snotty's, le **Bara Enkelt** (☎08-669 58 55 ; www.baras.se ; Skånegatan 59 ; ⏱17h-1h lun-sam ; Ⓜ Medborgarplatsen), anciennement Bara VI, est un bar très prisé des trentenaires branchés qui apprécient la longue carte des boissons, les murs tapissés de motifs floraux et les confortables banquettes en velours. Consultez le site Web pour connaître les dates des concerts de rock indé.

❼ Pause kebab
Faites comme les Stockholmois et reprenez des forces en achetant un kébab à l'un des nombreux stands qui jalonnent Medborgarplatsen et ses environs. Si vous préférez manger assis, rendez-vous au sympathique **Folkets Kebab** (☎08-669 91 66 ; Folkungagatan 63 ; ⏱10h-2h dim-mar, 10h-4h mer-sam).

❽ Bars du coin
Finissez votre tournée par un dernier arrêt dans quelques uns des rares établissements de la ville à proposer de la bière à un prix abordable. Ils sont situés à l'angle de Tjärhovsgatan et Östgötagatan, et si leur cadre n'est pas des plus raffinés, les prix sont doux et l'ambiance animée.

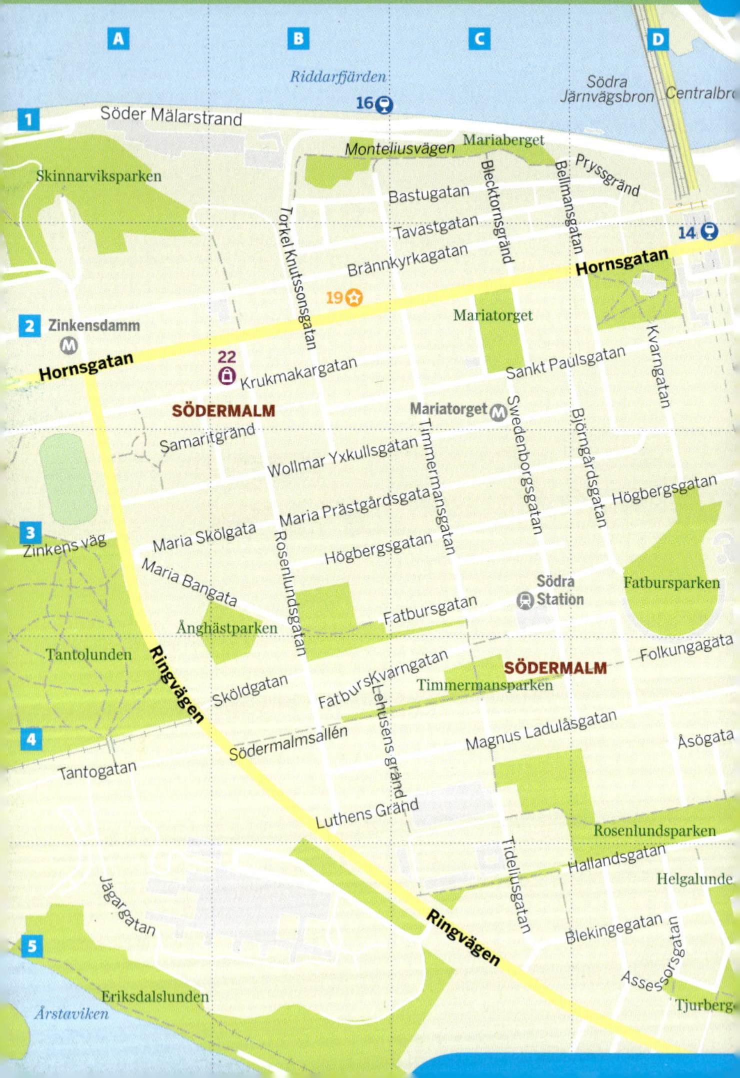
A
B
C
D
1
2
3
4
5
Riddarfjärden
Södra Järnvägsbron
Centralbr
16
14
19
22
Söder Mälarstrand
Skinnarviksparken
Monteliusvägen
Mariaberget
Bastugatan
Tavastgatan
Brännkyrkagatan
Blecktornsgränd
Bellmansgatan
Pryssgränd
Torkel Knutssonsgatan
Hornsgatan
Zinkensdamm
Mariatorget
Krukmakargatan
Sankt Paulsgatan
Kvarngatan
SÖDERMALM
Samaritgränd
Wollmar Yxkullsgatan
Timmermansgatan
Swedenborgsgatan
Björngårdsgatan
Högbergsgatan
Maria Prästgårdsgata
Maria Skölgata
Zinkens väg
Rosenlundsgatan
Maria Bangata
Södra Station
Fatbursparken
Fatbursgatan
Ånghästparken
Tantolunden
Ringvägen
Folkungagata
Sköldgatan
Fatburs Kvarngatan
Lehusens gränd
Timmermansparken
Södermalmsallén
Magnus Ladulåsgatan
Åsögata
Tantogatan
Luthens Gränd
Rosenlundsparken
Tideliusgatan
Hallandsgatan
Helgalunde
Jägargatan
Blekingegatan
Assessorsgatan
Eriksdalslunden
Årstaviken
Tjurberg

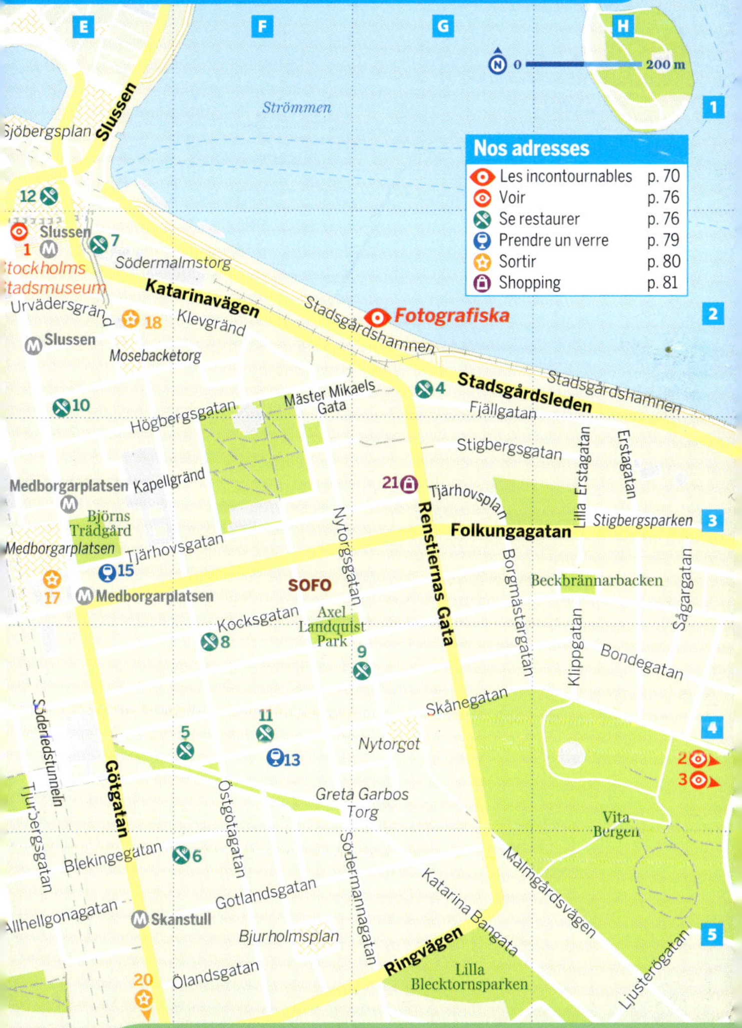
E
F
G
H
0
200 m
Strömmen
Nos adresses
Les incontournables p. 70
Voir p. 76
Se restaurer p. 76
Prendre un verre p. 79
Sortir p. 80
Shopping p. 81
1
2
3
4
5
Sjöbergsplan
Slussen
12
Slussen
1
7
Stockholms Stadsmuseum
Södermalmstorg
Katarinavägen
Urvädersgränd
18
Klevgränd
Stadsgårdshamnen
Fotografiska
Slussen
Mosebacketorg
4
Stadsgårdsleden
Stadsgårdshamnen
Fjällgatan
10
Högbergsgatan
Mäster Mikaels Gata
Stigbergsgatan
Lilla Erstagatan
Erstagatan
Medborgarplatsen
Kapellgränd
21
Tjärhovsplan
Björns Trädgård
Medborgarplatsen
Tjärhovsgatan
Folkungagatan
Stigbergsparken
Renstiernas Gata
15
Nytorgsgatan
17
Medborgarplatsen
SOFO
Borgmästargatan
Beckbrännarbacken
Sågargatan
Kocksgatan
Axel Landquist Park
8
9
Klippgatan
Bondegatan
Skånegatan
Söderledstunneln
11
5
13
Nytorget
2
3
Tjurbergsgatan
Götgatan
Östgötagatan
Greta Garbos Torg
Vita Bergen
Blekingegatan
6
Södermannagatan
Malmgårdsvägen
Katarina Bangata
Allhellgonagatan
Skanstull
Gotlandsgatan
Bjurholmsplan
Ringvägen
Ljusterögatan
20
Ölandsgatan
Lilla Blecktornsparken

Voir

Stockholms Stadsmuseum MUSÉE

1 Plan p. 74, E2

Ce musée retrace l'histoire de Stockholm de son statut originel de port fortifié à la métropole d'aujourd'hui, en évoquant les événements qui ont marqué la ville – épidémies de peste, incendies... Il est logé dans un palais de la fin du XVIIe siècle conçu par Nicodème Tessin l'Ancien. Les expositions temporaires abordent des thèmes variés en rapport avec l'évolution constante de la ville. Le billet d'entrée est valable un an ici et au Medeltidsmuseet (p. 30). Notez que le musée doit fermer pour rénovation de janvier 2015 à l'automne 2017. (Musée de la Ville ; www.stadsmuseum.stockholm.se ; Ryssgården, Slussen ; gratuit ; 11h-17h mar-dim, 11h-20h jeu ; ; M Slussen)

Spårvägsmuseet MUSÉE

2 Plan p. 74, H4

Installé dans un ancien dépôt de bus, ce musée des Transports agréablement désuet est idéal par un après-midi pluvieux. Il abrite une quarantaine de véhicules, notamment d'antiques voitures à cheval, de vieux tramways et bus, et une ancienne rame de métro dont les publicités d'époque ont été conservées. L'exposition sur les travaux de construction du métro, entamés en 1933, est passionnante. (Musée des Transports ; 08-686 17 60 ; www.sparvagsmuseet.sl.se ; Tegelviksgatan 22 ; adulte/étudiant, senior et 7-18 ans/- de 7 ans 50/25 Skr/gratuit ; 10h-17h lun-ven, 11h-16h sam-dim ; 2, 66 Spårvägsmuseet)

Leksaksmuseet MUSÉE

3 Plan p. 74, H4

Dans le même bâtiment que le Spårvägsmuseet, le musée du Jouet rassemble tout ce dont un enfant peut rêver : trains et avions miniatures, petits soldats, robots, poupées Barbie, animaux en peluche... (Musée du Jouet ; 08-641 61 00 ; www.leksaksmuseet.se ; Tegelviksgatan 22 ; gratuit avec un billet du Spårvägsmuseet ; 10h-17h lun-ven, 11h-16h sam-dim ; 2, 66 Spårvägsmuseet)

Se restaurer

Hermans Trädgårdscafé VÉGÉTARIEN $$

4 Plan p. 74, G2

Ce buffet végétarien au succès amplement mérité est une des adresses les plus agréables de Stockholm pour dîner, avec sa véranda et sa terrasse qui surplombe les lumières de la ville. Appréciez ses créations végétariennes et végétaliennes, servies dans une charmante cave voûtée. Il vous faudra sans doute jouer des coudes pour obtenir une table, mais le jeu en vaut la chandelle. (08-643 94 80 ; www.hermans.se ; Fjällgatan 23A ; buffet 175 Skr, desserts à partir de 35 Skr ; 11h-21h ; ; 2, 3, 53, 71, 76 Tjärhovsplan, M Slussen)

JOHAN FURUSJÖ / ALAMY ©

Spårvägsmuseet

Chutney

VÉGÉTARIEN **$**

5 Plan p. 74, F4

Chutney fait partie des nombreux restaurants végétariens réputés de Stockholm. Entouré de plusieurs café très engageants, il se démarque par une cuisine d'un bon rapport qualité/prix et une ambiance toujours très agréable. À midi, le menu se compose le plus souvent d'un délicieux curry de légumes accompagné de riz. Cerise sur le gâteau, salade, pain, café et une portion supplémentaire – si votre estomac le permet – sont compris dans le prix. (08-640 30 10 ; www.chutney.se ; Katarina Bangata 19 ; déj dagens 80 Skr ; 11h-22h lun-ven, 12h-22h sam, 12h-21h dim ; ; M Medborgarplatsen)

Pelikan

SUÉDOIS **$$**

6 Plan p. 74, F5

Hauts plafonds, lambris et serveurs en veston pour cette brasserie séculaire proposant une classique *husmanskost*. Les plats à base de hareng sont une valeur sûre (goûtez l'assiette "SOS", un assortiment de harengs marinés ; 124 Skr à 138 Skr), et les végétariens seront également comblés. Large choix d'akvavit. (08-55 60 90 90 ; www.pelikan.se ; Blekingegatan 40 ; plats 172-285 Skr ; 17h-24h ou 1h ; M Skanstull)

Eriks Gondolen

SUÉDOIS **$$$**

7 Plan p. 74, E2

Perché au-dessus de Slussen, en haut de l'antique ascenseur Katarinahissen, cet établissement est réputé pour sa cuisine suédoise de premier ordre, son service raffiné, ses cocktails divins et sa vue imprenable. Les repas sont servis dans l'élégante salle à manger (réservation conseillée) ou au bar. Terrasse en été. (☎08-641 70 90 ; www.eriks.se ; Stadsgården 6 ; plats 215-340 Skr ; 11h30-23h lun, 11h30-1h mar-ven, 16h-1h sam ; M Slussen)

Östgöta Källaren SUÉDOIS $$

8 Plan p. 74, F4

Les habitués de ce pub-restaurant forment un ensemble varié qui va des rockeurs à piercings aux vieilles dames à mise en plis. Tous sont séduits par l'éclairage romantique, l'ambiance agréable et les copieuses spécialités (de Suède, d'Europe de l'Est et de France méditerranéenne). Mention spéciale au ragoût de fruits de mer au safran (198 Skr). (☎08-643 22 40 ; www.ostgotakallaren.se ; Östgötagatan 41 ; plats 155-225 Skr ; 17h-1h lun-ven, 15h-1h sam, 17h-1h dim ; M Medborgarplatsen)

Bon plan

Voyager avec des enfants

Voyager en Suède avec des enfants est extrêmement facile et agréable, quel que soit leur âge. Les attractions et les activités sont conçues en pensant aux plus petits. L'entrée est gratuite ou réduite pour les moins de 18 ans dans la plupart des musées. Les restaurants, les hébergements et les transports sont également habitués à recevoir les familles.

String CAFÉ $

9 Plan p. 74, G4

Ce café rétro et branché de SoFo propose un buffet-brunch à un prix imbattable le week-end (80 Skr ; 10h30 à 13h, samedi et dimanche). Remplissez votre assiette de céréales, yaourts, fruits frais, pancakes ou encore d'un savoureux houmous maison. Si la chaise années 1970 sur laquelle vous êtes assis vous plaît, sachez que vous pouvez la rapporter chez vous : presque tout ici est à vendre. (☎08-714 85 14 ; www.cafestring.com ; Nytorgsgatan 38 ; sandwichs 50-65 Skr, salades 80 Skr ; 9h-22h lun-jeu, 9h-19h ven-dim ; M Medborgarplatsen)

Crêperie Fyra Knop CAFÉ $

10 Plan p. 74, E2

Adresse très prisée de Söder servant d'excellentes crêpes dans un cadre intime où les airs de reggae côtoient les vieux panneaux publicitaires Stella Artois en fer-blanc. Une bonne adresse pour un tête-à-tête tranquille avant de rejoindre les clubs du bout de la rue. (☎08-640 77 27 ; www.creperiefyraknop.se ; Svartensgatan 4 ; crêpes 64-84 Skr, galettes 100-118 Skr ; 17h-23h lun-ven, 12h-23h sam-dim ; M Slussen)

Koh Phangan THAÏLANDAIS $$

11 Plan p. 74, F4

Plus agréable le soir, ce restaurant thaïlandais est tellement kitsch qu'il faut le voir pour le croire. Ici, on mange du *pad thai* dans un authentique *tuk-tuk*

La terrasse panoramique du Eriks Gondolen

avec en fond sonore le bruit des grillons et de l'orage ou on sirote une bière dans une cabane en bambou. Des DJ réveillent parfois l'ambiance musicale. Réservation conseillée. (08-642 50 40 ; www.kohphangan.se ; Skånegatan 57 ; entrées 85-95 Skr, plats 155-285 Skr ; 16h-1h lun-ven, 12h-1h sam-dim ; M Medborgarplatsen)

Nystekt Strömming SUÉDOIS $

12 Plan p. 74, E1

Le nom (qui signifie "hareng tout juste frit") annonce la couleur. Cette petite caravane installée à la sortie de la station de *tunnelbana* Slussen propose de généreux assortiments de poisson avec un choix d'accompagnements et de condiments (purée de pommes de terre, oignons rouges, salades, pain), ainsi que des *wraps* à emporter ou un délicieux hamburger au hareng à 55 Skr. (Södermalmstorg ; assortiments 35-75 Skr ; 11h-20h lun-ven, 11h-18h sam-dim, horaires de fermeture variables ; M Slussen)

Prendre un verre

Pet Sounds Bar BAR

13 Plan p. 74, F4

Si le restaurant propose des plats franco-italiens corrects, on vient surtout pour la salle animée en sous-sol, toujours peuplée d'une clientèle éclectique : journalistes musicaux, amateurs d'underground ou rockeurs gothiques. Au programme : concerts et week-ends

DJ endiablés. *Happy hour* de 14h à 18h. (www.petsoundsbar.se ; Skånegatan 80 ; bière 72 Skr, cocktails 118 Skr ; M Medborgarplatsen)

Akkurat
BAR

14 Plan p. 74, D2

Akkurat offre un grand choix de bières belges et une sélection intéressante de bières suédoises, notamment les Nynäshamn Ångbryggeri, ainsi qu'un large éventail de whiskies. Côté cuisine, la carte propose des moules (demi-portion/portion 155/215 Skr). (08-644 00 15 ; www.akkurat.se ; Hornsgatan 18 ; bières 59-95 Skr, 11h-1h lun-ven, 15h-1h sam, 18h-1h dim ; M Slussen)

Kvarnen
BAR

15 Plan p. 74, E3

Une foule joyeuse de supporters du club de football Hammarby se presse au Kvarnen, l'un des meilleurs bars de Söder. La tradition est à l'honneur dans la grande brasserie datant de 1907, qui côtoie deux élégants bars-discothèques. Arrivez de bonne heure pour boire une pinte et manger un morceau (plats 139 Skr à 195 Skr). Longue file d'attente mais vous ne serez pas déçu. (08-643 03 80 ; www.kvarnen.com ; Tjärhovsgatan 4 ; 11h-1h lun-mar, 11h-3h mer-ven, 17h-3h sam, 17h-1h dim ; M Medborgarplatsen)

Vampire Lounge
BAR

Dans ce bar sombre en sous-sol, les vampires sont à l'honneur. Des "fenêtres" en Plexiglas encastrées dans le sol montrent des cachettes avec tout l'attirail pour repousser les suceurs de sang (eau bénite, croix, ail) ; on n'est jamais trop prudent. La clientèle plébiscite les cocktails à la crème glacée. L'entrée est la même que pour le restaurant Östgöta Källaren (voir 8 plan p. 74, F4). (www.vampirelounge.se ; Östgötagatan 41 ; 17h-1h lun-ven, 19h-1h sam ; M Medborgarplatsen)

Lady Patricia
BAR

16 Plan p. 74, B1

Poisson et fruits de mer à moitié prix, musique *schlager* non-stop et ponts peuplés de clients sexy et de drag-queens : cet ancien yacht royal est devenu l'adresse gay incontournable du dimanche soir (mais l'endroit ouvre cinq soirs par semaine). Rendez-vous sur la piste de danse du pont supérieur où les clients entonnent gaiement des airs du concours Eurovision suédois. (08-743 05 70 ; www.patricia.st ; Söder Mälarstrand, Kajplats 19 ; 17h-24h mer-jeu, 17h-5h ven-sam)

Sortir

Debaser
MUSIQUE LIVE

17 Plan p. 74, E3

Ce club légendaire a désormais son annexe (Debaser Medis ; p. 72) sur Medborgarplatsen. Il accueille presque chaque soir des groupes indépendants comme des artistes plus connus. La piste de danse s'enflamme sur des rythmes rocksteady, punk et electronica. Debaser dispose également de deux restaurants en ville et d'un établissement à Malmö. (08-694

79 00 ; www.debaser.se ; Medborgarplatsen 8 ; 19h-1h dim-jeu, 20h-3h ven-sam ; M Medborgarplatsen)

Mosebacke Etablissement

MUSIQUE LIVE

18 Plan p. 74, E2

Ce temple de la fête organise des concerts très variés, ainsi que des spectacles de théâtre et de cabaret. En été, la terrasse offre une vue magnifique sur la ville et accueille un bar très animé. (www.mosebacke.se ; Mosebacketorg 3 ; billets 80-400 Skr ; 18h-tard ; M Slussen)

Folkoperan

THÉÂTRE

19 Plan p. 74, B2

Le Folkoperan dépoussière l'opéra grâce à ses représentations avant-gardistes et parfois controversées d'œuvres classiques et contemporaines. Les moins de 26 ans paient moitié prix. (08-616 07 50 ; www.folkoperan.se ; Hornsgatan 72 ; billets 145-455 Skr ; M Zinkensdamm)

Globen

MUSIQUE LIVE

20 Plan p. 74, E5

Ce bâtiment sphérique blanc et massif, au sud de Södermalm, accueille régulièrement des concerts de pop et de rock, ainsi que des événements sportifs et des foires commerciales. Vous pouvez aussi vous contenter de prendre place à l'intérieur de SkyView, une sphère de verre fixée sur des rails qui fait le tour de la structure et offre une belle vue sur la ville. (077-131 0000 ; www.globen.se ; Arenavägen ; M Globen)

> 100% Stockholm
>
> **Seconde main de premier ordre**
>
> Adresse prisée de Södermalm, **Lisa Larsson Second Hand** (08-643 61 53 ; Bondegatan 48 ; 13h-18h mar-ven, 11h-15h sam) est une minuscule boutique remplie de trésors datant des années 1930 aux années 1970. Au menu : vestes en cuir, sacs à main, chaussures et robes vintage.

Shopping

Chokladfabriken

CHOCOLATS

21 Plan p. 74, G3

Les accros au cacao ne jurent que par cette boutique, où des ingrédients nordiques de saison sont utilisés pour élaborer des délices irrésistibles. Un café sur place permet de déguster les chocolats sans attendre. (www.chokladfabriken.com ; Renstiernas Gata 12 ; 10h-18h30 lun-ven, 10h-17h sam ; M Medborgarplatsen, Slussen)

Papercut

LIVRES

22 Plan p. 74, B2

Cette boutique spécialiste de la pop-culture propose une sélection pointue de livres, de magazines et de DVD. (08-13 35 74 ; www.papercutshop.se ; Krukmakargatan 24 ; 11h-18h30 lun-ven, 11h-17h sam, 12h-16h dim ; M Zinkensdamm)

Explorer

Östermalm

Östermalm est la Mecque incontestée des nuits stockholmoises, l'endroit où la jeunesse dorée et huppée se rassemble pour faire la fête. Et c'est aussi ici que vous trouverez quelques-uns des meilleurs bars, restaurants et boutiques de la ville. Mais la culture est également présente dans le quartier, avec deux excellents musées consacrés à l'histoire de la Suède.

L'essentiel en un jour

Commencez la journée par la visite passionnante de l'**Historiska Museet** (p. 84), pour mieux comprendre les grands moments de l'histoire de la Suède. Prévoyez au moins deux heures pour vraiment explorer ce spacieux musée.

Pour la pause déjeuner, rendez-vous dans les superbes halles de l'**Östermalms Saluhall** (p. 91), marché gastronomique installé dans un édifice historique. Vous trouverez sur les étals mille régals, des poissons frais aux fromages d'importation en passant par des pâtisseries exotiques, et pourrez vous restaurer dans plusieurs excellents cafés.

L'après-midi, l'**Armémuseum** (p. 90) vous attend pour une édifiante leçon d'histoire de la guerre. Enchaînez sur une note plus légère avec un peu de lèche-vitrines et un café chez Sturekatten. Le soir, **Sturehof** (p. 91) vous servira de succulents produits de la mer, à faire suivre d'un dernier verre dans l'ambiance glamour d'un bar de Stureplan, par exemple le **Laroy** (p. 92).

Pour une journée 100% Stockholm dans Östermalm, rendez-vous p. 86.

Les incontournables

Historiska Museet (p. 84)

100% Stockholm

Opulent Östermalm (p. 86)

Le meilleur du quartier

Se restaurer

Lisa Elmqvist (p. 90)

Pour les noctambules

Lilla Baren@Riche (p. 92)

Sturecompagniet (p. 92)

Spy Bar (p. 92)

Cafés

Sturekatten (p. 91)

Café Saturnus (p. 91)

Comment y aller

Ⓜ **Tunnelbana** Östermalmstorg, Kungsträdgården

Tram ligne 7, Nybroplan

Les incontournables
Historiska Museet

Ce passionnant musée accueille depuis 1943 la collection historique nationale. Patins à glace de l'âge du fer, drakkar viking, tissus médiévaux et triptyques de la Renaissance retracent ici plus de 10 000 ans d'histoire et de culture en Suède. Vous y verrez une section consacrée à la bataille de Gotland (1361), une excellente présentation multimédia sur les Vikings, des retables médiévaux, une riche collection de textiles et des expositions sur la Scandinavie préhistorique.

Plan p. 88, H4

www.historiska.se

Narvavägen 13-17

adulte/étudiant et senior/ - de 18 ans 100/80 Skr/gratuit

10h-18h, fermé lun sept-mai

44, 56, M Karlaplan, Östermalmstorg

À ne pas manquer

Salle des Ors

La pièce maîtresse du musée se trouve en sous-sol : dans la pénombre de la salle des Ors resplendissent des butins vikings et d'autres trésors, tel le reliquaire incrusté de pierres précieuses de sainte Élisabeth (canonisée en 1235). Les pièces les plus stupéfiantes sont sans doute ces trois colliers d'or du Ve siècle, découverts dans le Västergötland au XIXe siècle : le plus imposant, qui pèse 823 grammes, compte sept rangs et 458 figurines symboliques.

Tapisseries

Le musée est aussi réputé pour ses riches collections de textiles médiévaux, dont des étoffes liturgiques provenant probablement des toutes premières églises des villages du nord de la Suède.

Les Vikings

L'impressionnante section consacrée au plus légendaire des peuples nordiques entend dissiper les idées reçues sur les Vikings et leur époque en mettant l'accent sur leur activité de marchands et sur le quotidien des gens ordinaires – qui n'étaient pas tous navigateurs et conquérants, mais pour la plupart paysans. Le visiteur en apprendra aussi beaucoup sur les pierres runiques que l'on continue de découvrir dans tout le pays.

La bataille de Gotland

Une nouvelle et excellente exposition permanente redonne vie à cette bataille qui en 1361 opposa les modestes paysans de l'île de Gotland à l'armée du Danemark. Nul ne s'étonnera qu'elle n'ait pas tourné à l'avantage des premiers : environ 1 800 de ces soldats improvisés finirent dans des fosses communes dans les faubourgs de Visby. L'archéologie a fourni de fascinants éclairages sur cet épisode tragique.

À savoir

- Le musée est organisé par périodes : l'étage est dédié au Moyen Âge et au baroque, le rez-de-chaussée à la préhistoire ; la salle des Ors, avec ses trésors allant de la préhistoire à l'époque médiévale, se situe en sous-sol.
- Les légendes et panneaux de présentation, qui éclairent l'histoire et la fabrication de chaque objet exposé, sont également en anglais

Une petite faim ?

Vous trouverez un café près de l'entrée du musée, mais pour une pause plus roborative dans un cadre coloré, remontez Linnégatan jusqu'au restaurant thaï Sabai-Soong (p. 92).

100% Stockholm

Opulent Östermalm

L'ancien village d'éleveurs bovins a bien changé ! Östermalm est aujourd'hui l'un des quartiers les plus huppés de Stockholm. Son architecture élégante, ses parcs verdoyants et ses boutiques chics en font un régal pour le promeneur. Tout le monde n'a certes pas les moyens de vivre ici, mais la beauté d'Östermalm est accessible à tous.

1 Kungliga Biblioteket

La bibliothèque nationale de Suède est installée dans le cadre magnifique de l'**Humlegården**, une oasis de verdure. Ses collections sont fabuleuses : le bâtiment renferme en effet quasiment tout ce qui s'est publié en Suède ou en suédois depuis 1661 (ainsi que quelques trésors plus anciens encore, dont la *Bible du diable*, du XIIIe siècle). La bibliothèque est ouverte au public.

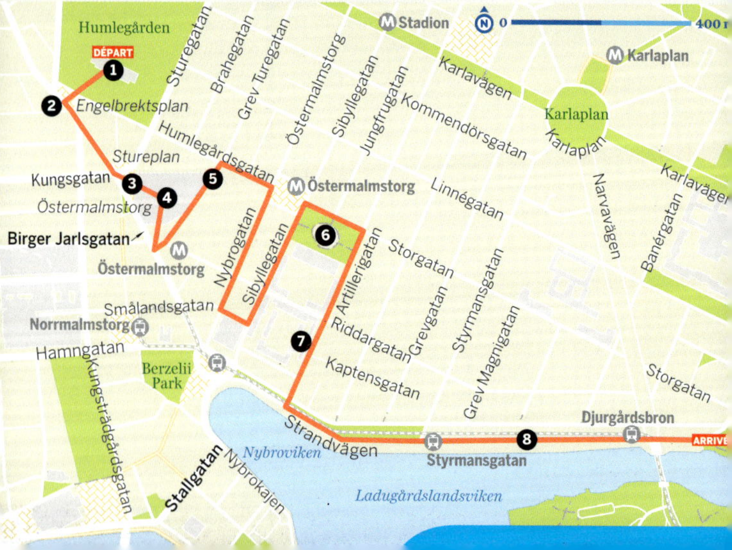

❷ Vassa Eggen

Adoptez derechef l'heure et les habitudes stockholmoises : faites-vous plaisir avec la formule déjeuner aussi délicieuse qu'avantageuse (145 Skr en semaine) du **Vassa Eggen** (☎08-21 61 69 ; www.vassaeggen.com ; Birger Jarlsgatan 29 ; ⏲11h30-14h lun-ven, 17h30-22h lun, jusqu'à 23h mar-sam ; Ⓜ Östermalmstorg), une véritable institution du quartier pour les amateurs de grillades, dans une déco design soignée.

❸ Svampen

Érigé en 1937, détruit puis rebâti dans les années 1980, ce "champignon" bizarroïde – conçu à l'origine pour abriter les passants des intempéries – est devenu un monument du quartier et un lieu de rendez-vous très commode.

❹ Sturegallerian

Dans cette galerie marchande huppée où les décors intérieurs répondent avec élégance au style XIXe siècle de la façade, vous trouverez des dizaines de boutiques chics, mais aussi le luxueux spa historique **Sturebadet** (☎08-54 50 15 00 ; www.sturebadet.se ; Sturegallerian 36, Stureplan ; forfait à la journée 495-595 Skr ; ⏲6h30-22h lun-ven, 8h30-20h30 sam-dim ; Ⓜ Östermalmstorg).

❺ Grev Turegatan

Cette rue piétonne jalonnée de magasins et de restaurants forme avec Nybrogatan, sa parallèle à l'est, le cœur d'Östermalm, et les deux rues sont un concentré de ce qui se fait de mieux dans le quartier : petites boutiques originales et tables élégantes y sont disséminées dans de beaux édifices aux façades richement décorées.

❻ Hedvig Eleonora Kyrka

C'est Jean de la Vallée qui conçut dans les années 1660 le plan original de cette jolie église octogonale. Consacrée en 1737, elle était à l'origine réservée à la marine suédoise. Sa chaire, impressionnante, est l'œuvre de Jean Eric Rehn, et l'orgue conserve sa façade d'origine, réalisée en 1762 par Carl Fredrik Aldencrantz. Concerts régulièrement organisés dans l'église, consultez les panneaux d'affichage.

❼ Kungliga Hovstallet

Les Écuries royales occupent presque tout un pâté de maisons, dans une gigantesque bâtisse de brique rouge achevée en 1894 et classée au patrimoine national. Elles accueillent un musée mais restent bien en activité : tous les déplacements de la famille royale de Suède sont organisés ici, et les écuries abritent 18 des chevaux du roi ainsi que des carrosses anciens et la collection royale d'automobiles.

❽ Strandvägen

Ce boulevard est sans doute le lieu le plus huppé de Stockholm, mais c'est aussi une promenade des plus agréables, grâce à son beau panorama sur l'eau et la ville. Bordé de fières demeures aux tourelles de contes de fées, il fait environ 80 m de large, avec un terre-plein central planté d'arbres qui protègent idéalement des curieux.

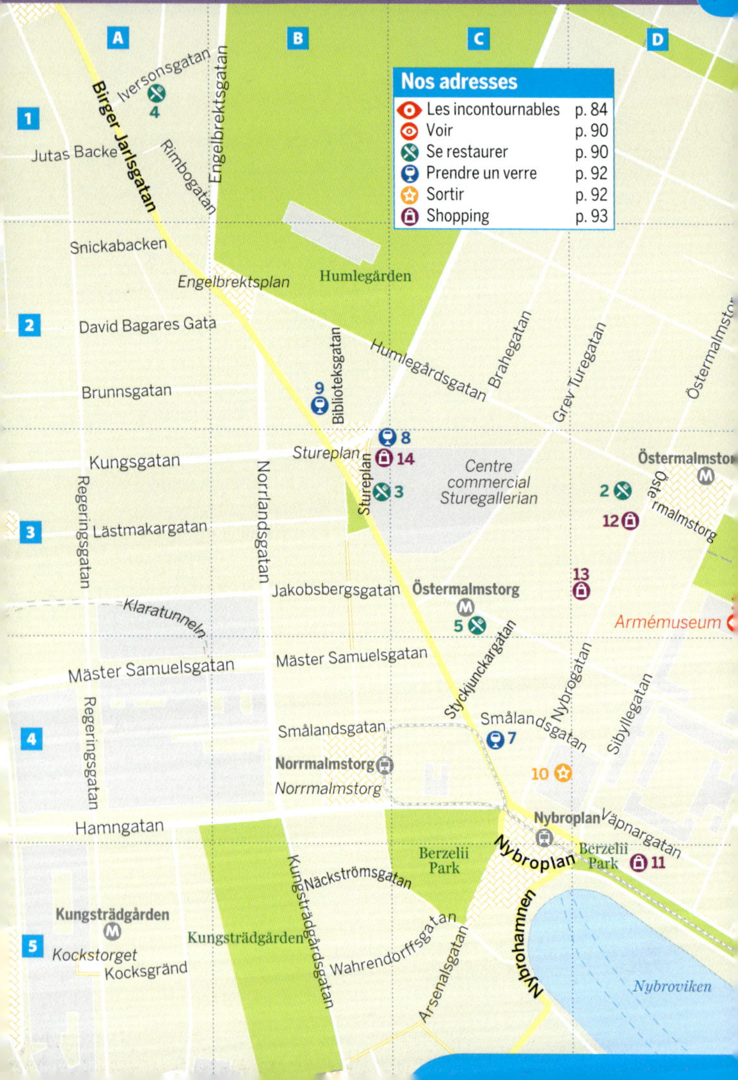
A
B
C
D
1
2
3
4
5
Nos adresses
Les incontournables p. 84
Voir p. 90
Se restaurer p. 90
Prendre un verre p. 92
Sortir p. 92
Shopping p. 93
Birger Jarlsgatan
Iversonsgatan
Jutas Backe
Rimbogatan
Engelbrektsgatan
Snickabacken
Engelbrektsplan
Humlegården
David Bagares Gata
Brunnsgatan
Biblioteksgatan
Humlegårdsgatan
Brahegatan
Grev Turegatan
Östermalmstorg
Kungsgatan
Stureplan
Centre commercial Sturegallerian
Regeringsgatan
Lästmakargatan
Norrlandsgatan
Jakobsbergsgatan
Östermalmstorg
Klaratunneln
Armémuseum
Mäster Samuelsgatan
Styckjunkargatan
Nybrogatan
Sibyllegatan
Smålandsgatan
Norrmalmstorg
Hamngatan
Nybroplan
Väpnargatan
Berzelii Park
Kungsträdgården
Näckströmsgatan
Kungsträdgårdsgatan
Wahrendorffsgatan
Arsenalsgatan
Nybrohamnen
Nybroviken
Kockstorget
Kocksgränd
1
2
3
4
5
7
8
9
10
11
12
13
14

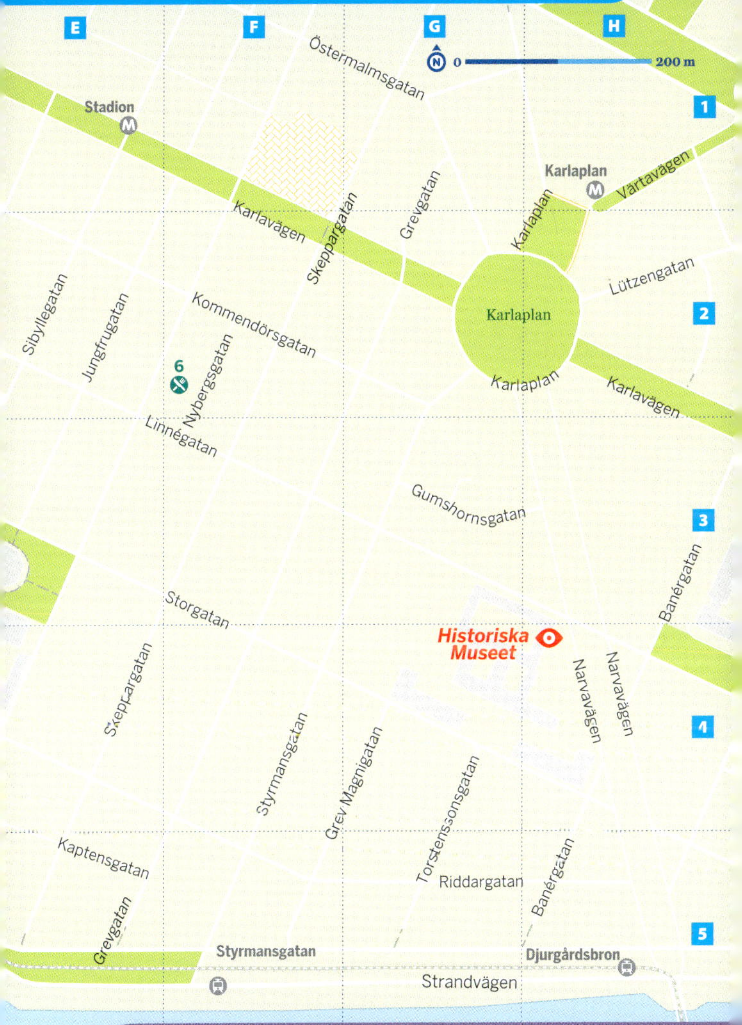
E
F
G
H
0
200 m
1
2
3
4
5
Östermalmsgatan
Stadion
Karlaplan
Värtavägen
Karlavägen
Skeppargatan
Grevgatan
Karlaplan
Lützengatan
Kommendörsgatan
Karlaplan
Sibyllegatan
Jungfrugatan
6
Nybergsgatan
Karlaplan
Karlavägen
Linnégatan
Gumshornsgatan
Banérgatan
Storgatan
Historiska Museet
Narvavägen
Narvavägen
Skeppargatan
Styrmansgatan
Grev Magnigatan
Torstenssonsgatan
Kaptensgatan
Riddargatan
Banérgatan
Grevgatan
Styrmansgatan
Djurgårdsbron
Strandvägen

Voir

Armémuseum

MUSÉE

1 Plan p. 88, D3

Le musée de l'Armée dévoile la face sombre de la nature humaine : sur trois niveaux, ses collections captivantes illustrent les horreurs de la guerre à travers des œuvres d'art, des armes et des reconstitutions grandeur nature de cavaliers à la charge, de casernes désolées et de populations affamées. Vous pourrez aussi vous faire une frayeur à bon compte en grimpant sur des instruments de torture médiévaux. (08-51 95 63 00 ; www.armemuseum.se ; Riddargatan 13 ; adulte/étudiant et senior/ - de 19 ans 80/50 Skr/gratuit ; 10h-19h tlj juin-août, 11h-20h mar, jusqu'à 17h mer-dim sept-mai ; M Östermalmstorg)

Se restaurer

Lisa Elmqvist

FRUITS DE MER $$

Amateur de poissons et fruits de mer, ne cherchez plus : cette adresse stockholmoise de légende, nichée dans les belles halles historiques de l'Östermalms Saluhall (voir 2 plan p. 88, D3), séduit le midi nombre de gourmets. La carte changeant tous les jours, fiez-vous aux recommandations des serveurs : pancakes au homard ou filets d'omble grillés au poivre du Sichuan, vous ne serez pas déçu. On peut aussi opter pour les classiques, tel le sandwich aux crevettes (170 Skr) ou l'assiette de gravlax (185 Skr). (08-55 34 04 10 ; www.lisaelmqvist.se ; Östermalmstorg, Östermalms Saluhall ; plats à partir de 170 Skr ; 9h30-18h lun-jeu, jusqu'à 19h ven, jusqu'à 16h sam ; M Östermalmstorg)

Comprendre

Claire comme de l'eau de roche

Vous verrez peut-être dans votre hôtel des écriteaux vous incitant à boire l'eau du robinet de Stockholm, l'une des plus pures au monde. Ils n'exagèrent pas et, en règle générale, vous n'avez aucune raison d'acheter de l'eau en bouteille en Suède. Les Stockholmois sont approvisionnés en eau courante par le lac Mälaren, situé en pleine ville et si cristallin qu'on s'y baigne tout l'été et qu'on y pêche toute l'année.

C'est sans doute à cause de ces liens étroits avec l'"or bleu" que les habitants ont été sensibilisés si tôt et si vite à l'écologie : quand on passe chaque jour devant sa source d'eau, on est forcément plus attaché à la garder propre !

La qualité de l'eau dans la région est surveillée par l'Agence suédoise de l'alimentation (plus d'infos sur www.stockholmvatten.se). Bref, ne soyez pas gourde, emportez la vôtre et remplissez-la au robinet.

Östermalms Saluhall

MARCHÉ $

2 Plan p. 88, D3

Le marché historique de Stockholm est un régal pour les sens et le rendez-vous des gourmands, qui viennent y dénicher poissons frais, fruits, légumes et fromages introuvables, ou s'attablent dans l'un des cafés pour un déjeuner rapide ou un en-cas. Ces halles de 1885, véritable monument stockholmois, seront fermées pour rénovation de 2015 à 2017. Le marché s'installera en attendant sur la place. (www.ostermalmshallen.se ; Östermalmstorg ; plats à partir de 85 Skr ; 9h30-18h lun-jeu, jusqu'à 19h ven, jusqu'à 16h sam ; M Östermalmstorg)

Sturehof

FRUITS DE MER $$$

3 Plan p. 88, B3

Une adresse d'exception pour un verre et/ou un dîner tardif : cette brasserie conviviale combine personnel aux petits soins, clientèle sélect et cuisine succulente tournée vers la mer (la soupe de poissons est délicieuse). Les deux bars, l'un à l'avant, l'autre à l'arrière, sont parfaits pour un dernier verre romantique. (08-440 57 30 ; www.sturehof.com ; Stureplan 2 ; entrées 155-265 Skr, plats 185-495 Skr ; 11h-2h lun-ven, dès 12h sam, dès 13h dim ; M Östermalmstorg)

Café Saturnus

CAFÉ $

4 Plan p. 88, A1

Envie d'un *latte* crémeux, d'une baguette à la française ou de la parfaite petite pâtisserie ? Rendez-vous dans ce café-boulangerie au chic décontracté, paré de beaux carrelages anciens, de papiers peints soyeux et d'une petite terrasse : on s'y installe pour goûter ce qui est sans doute la plus grosse *bulle* (brioche) de Stockholm, à la cannelle ou à la cardamome. (08-611 77 00 ; www.cafesaturnus.se ; Eriksbergsgatan 6 ; bulle 50 Skr, salades et sandwichs 68-138 Skr ; 8h-20h lun-ven, 9h-19h sam-dim ; 2 Eriksbergsgatan)

100% Stockholm

Spécial thé

Les Stockholmois sont certes fous de café, mais les amateurs de thé ne sont pas oubliés. Paré de boiseries sombres et de grosses boîtes de métal, le vénérable **Sibyllans Kaffe & Tehandel** (08-662 06 63 ; Sibyllegatan 35 ; 10h-18h lun-ven, 10h-16h sam ; M Östermalmstorg) vend thés et cafés depuis la Première Guerre mondiale. Laissez-vous séduire par le mélange maison de thés verts ou offrez-vous une cafetière Bialetti et une tablette de chocolat colombien.

Sturekatten

CAFÉ $

5 Plan p. 88, C3

Fauteuils anciens, peintures à l'huile, dames élégantes amatrices de darjeeling et serveurs en uniforme noir et blanc : un vrai décor de maison de poupée, pour siroter une tasse de thé et déguster une part de tarte aux pommes ou une *kanelbulle* (brioche à la cannelle). (08-611 16 12 ; www.sturekatten.se ; Riddargatan 4 ; pâtisserie à partir de 35 Skr ; 8h-19h lun-ven, 10h-18h sam, 11h-18h dim ; M Östermalmstorg)

Sabai-Soong

THAÏLANDAIS $$

6 Plan p. 88, F2

Bien qu'au cœur d'un quartier huppé, ce restaurant est resté fidèle à l'esprit, aux recettes et à la déco fluo très kitsch tropical qui ont fait son succès. Les plats thaïlandais simples et authentiques, tels ces *tod man pla* (crêpes au poisson) ou ce curry vert bien épicé, sont aussi appréciés par les familles que par les fashionistas. (08-663 12 77 ; www.sabai.se ; Linnégatan 39B ; 17h-22h lun, 17h-23h mar-jeu, 17h-23h ven, 16h-23h sam, 16h-22h dim ; M Östermalmstorg)

Prendre un verre

Lilla Baren@Riche

BAR

7 Plan p. 88, C4

Chouchou de la faune chic et branchée d'Östermalm, ce joli bar ouvert sur de grandes baies vitrées combine service feutré et efficace, DJ talentueux et clientèle de créatifs tendance. Mieux vaut s'y rendre vers 21h pour espérer s'asseoir. (08-54 50 35 60 ; www.riche.se ; Birger Jarlsgatan 4 ; 11h30-2h mar-sam)

100% Stockholm

Cocktails chics et choc

Voisin du Spy Bar dans le même immeuble tout en hauteur, le **Laroy** (08-54 50 37 00 ; Birger Jarlsgatan 20 ; entrée 100 Skr ; 22h-3h mer, ven et sam ; M Östermalmstorg) attire les *beautiful people* avec des soirées cocktails aussi bondées que branchées. Revêtez vos plus beaux atours pour tenter votre chance dans ce véritable défilé de mode. Mieux encore : contactez le bar quelques jours à l'avance pour laisser votre nom à l'entrée.

Sturecompagniet

CLUB

8 Plan p. 88, B3

Stars de séries télé suédoises, champagne à gogo et bling-bling ostentatoire donnent le ton dans cette immense discothèque décorée avec opulence. Adaptez votre look en conséquence pour faire votre propre show sur de la house commerciale. Des DJ célèbres y jouent régulièrement. (08-54 50 76 00 ; www.sturecompagniet.se ; Stureplan 4 ; entrée 120 Skr ; 22h-3h jeu-sam ; M Östermalmstorg)

Spy Bar

CLUB

9 Plan p. 88, B2

S'il n'est plus aussi coté désormais, le Spy Bar (ou "Vomi", *spy* en suédois, pour les habitués) reste un pilier de la nuit, qui vaut le détour si vous passez la soirée dans Östermalm. Il s'étend sur trois niveaux, dans de beaux appartements du début du XXe siècle. (Birger Jarlsgatan 20 ; entrée dès 160 Skr ; 22h-5h mer-sam ; M Östermalmstorg)

Sortir

Dramaten

THÉÂTRE

10 Plan p. 88, C4

Le Théâtre royal met en scène son répertoire dans une sublime architecture Art nouveau. Il se découvre grâce à des visites guidées (en anglais à 16h presque tous les jours, adulte/enfant 30/60 Skr), à réserver par mail via le site Internet. (Kungliga Dramatiska Teatern ; 08-667 06 80 ; www.dramaten.se ; Nybroplan ; spectacles 90-390 Skr ; ; M Kungsträdgården)

Shopping

Svenskt Tenn

DESIGN, ARTICLES DE MAISON

11 Plan p. 88, D5

Retrouvez dans cette enseigne célébrissime (qui tient autant du musée du design que de la boutique en activité) les tissus et le mobilier cultes pensés par Josef Frank et ses contemporains. Une adresse de choix pour comprendre en un clin d'œil ce fameux "design suédois", tenue qui plus est par une fondation de mécénat. (www.svensktenn.se ; Nybrogatan 15 ; 10h-18h30 lun-ven, 10h-17h sam, 12h-16h dim ; M Kungsträdgården)

Svensk Slöjd

ARTISANAT

12 Plan p. 88, D3

Si vous rêvez d'un cheval de bois digne de la tradition suédoise "mais-avec-un-truc-en-plus" (ou que vous craquez pour la version poule), cette boutique déborde de créations en bois pleines d'originalité, mais aussi de somptueux tissus, de bougies artisanales, d'objets en ferronnerie, de lainages et autres belles idées de cadeaux. (Nybrogatan 23 ; 10h-18h lun-ven, 11h-18h sam ; M Östermalmstorg)

100% Stockholm

Livres anciens

Exemplaires d'époque des classiques d'Astrid Lindgren ou guides de voyage du XIXe siècle, environ 100 000 ouvrages anciens (dont bon nombre en anglais) font sans doute de **Rönnells Antikvariat** (08-54 50 15 60 ; www.ronnells.se ; Birger Jarlsgatan 32 ; 10h-18h lun-ven, 11h-15h sam ; M Östermalmstorg) la plus riche librairie d'occasion de Stockholm. Larges rayons promotionnels.

Nordiska Galleriet

ARTISANAT

13 Plan p. 88, D3

Fauteuils Hannes Wettstein, canapés signés Hella Jongerius, vases Alvar Aalto ou adorables minichaises Panton pour enfant : rien ne manque dans ce gigantesque showroom, paradis des fanas de design. On y trouve aussi des souvenirs plus transportables, tels des cintres design, de beaux livres d'architecture et de chatoyantes serviettes en papier Marimekko. (www.nordiskagalleriet.se ; Nybrogatan 11 ; 10h-18h lun-ven, 10h-17h sam, 12h-16h dim ; M Östermalmstorg)

Hedengrens

LIBRAIRIE

14 Plan p. 88, B3

Dans la très chic galerie marchande d'Östermalm, cette excellente librairie offre un large choix d'ouvrages récents en anglais (fiction et autres). (08-611 51 32 ; Sturegallerian ; 10h-19h lun-ven, 10h-17h sam, 12h-17h dim ; M Östermalmstorg)

100% Stockholm
Musées de Gärdet et Ladugårdsgärdet

Comment y aller

Ⓜ Gärdet, puis bus 1 ou 76 jusqu'à Frihamnen pour rejoindre Magasin 3

🚌 De Kaknästornet, prenez le bus 69

Ces deux zones voisines (quartier résidentiel tranquille pour la première, ancien domaine royal transformé en vaste parc ouvert en permanence pour la seconde) recèlent quelques-uns des plus beaux musées de Stockholm. Elles sont bien plus faciles d'accès qu'il n'y paraît : un court trajet en bus ou en *tunnelbana*, ou bien à pied depuis Östermalm, et vous y êtes.

❶ Magasin 3

Certes, c'est un peu loin et les horaires sont restreints, mais **Magasin 3** (✆08-54 56 80 40 ; www.magasin3.com ; ascenseur n°4, bât Magasin 3, Frihamnen ; adulte/étudiant et senior/- de 20 ans 80/60 Skr /gratuit ; 🕙11h-19h jeu, 11h-17h ven-dim, fermé juin-août et vacances de Noël ; 🚌1, 76, Ⓜ Ropsten) vaut largement le détour : c'est l'un des meilleurs musées d'art contemporain de Stockholm. Installé dans un ancien entrepôt des docks au nord-ouest de Kaknästornet, il programme 6 à 8 expos par an. Elles comportent souvent des œuvres de commande par de grands noms comme Pipilotti Rist ou le provocateur américain Paul McCarthy.

❷ Sjöhistoriska Museet

Traversez les grands espaces verts de Ladugårdsgärdet depuis Magasin 3 pour rejoindre un tiercé gagnant de musées à visiter en famille. Le plus petit et le plus charmant des trois est le **Sjöhistoriska Museet** (Djurgårdsbrunnsvägen 24 ; entrée libre ; 🕙10h-17h mar-dim ; 🚌69 Museiparken) : le Musée maritime national enchante tous les passionnés de maquettes de navires (plus de 1 500 modèles !). Ses collections captivantes illustrent aussi le quotidien à bord, l'histoire des marins et celle de la construction navale en Suède.

❸ Tekniska Museet

Immense terrain de jeux et d'expos interactives, le **Tekniska** (musée des Sciences et des Techniques ; www.tekniskamuseet.se ; Museivägen 7 ; adulte/enfant/- de 7 ans 150/50 Skr/gratuit, 17h-20h mer gratuit ; 🕙10h-20h mer, 10h-17h ven-lun ; 🚌69 Museiparken) a d'innombrables atouts, mais sa carte maîtresse est le **Cino4** (adulte/enfant 80/40 Skr), le tout premier cinéma multisensoriel en 4D de Suède. Les visiteurs apprécient aussi le Teknorama, une vaste salle dédiée à des expériences cinétiques où l'on s'amuse tout en testant son équilibre, sa souplesse et sa force.

❹ Etnografiska Museet

Son voisin fascinant et plein de charme, l'**Etnografiska Museet** (musée d'Ethnographie ; www.etnografiska.se ; Djurgårdsbrunnsvägen 34 ; adulte/- de 19 ans 80 Skr /gratuit ; 🕙11h-17h mar-dim, 11h-20h mer ; 👪 ; 🚌69 Museiparken) propose une muséographie évocatrice autour des cultures non européennes et des concerts. Entre autres expos temporaires récentes, on retient les trésors culturels de l'Afghanistan ou les traditions de villégiature des Russes.

❺ Kaknästornet

Une agréable promenade conduit à ce monument qui domine tout le quartier. Haute de 155 m, la tour **Kaknästornet** (www.kaknastornet.se ; Mörka Kroken 28-30 ; adulte/enfant 55/20 Skr ; 🕙9h-22h lun-sam, jusqu'à 19h dim ; 🚌69 Kaknästornet) est le centre automatisé des retransmissions radiophoniques et télévisuelles en Suède. Inaugurée en 1967, elle reste l'une des plus hautes constructions du pays. Un ascenseur conduit à sa terrasse panoramique, ainsi qu'à un restaurant et un café, et la vue sur Stockholm et son archipel est éblouissante.

Les incontournables
Millesgården

Comment y aller

Millesgården se trouve sur l'île de Lidingö, au nord-est de la ville.

M Ropsten, puis bus 207

Millesgården fut de 1906 à 1931 le lieu de vie et de travail du sculpteur Carl Milles (1875-1955), dont les gracieuses ondines et autres créatures fantastiques jalonnent les rues de Stockholm. La personnalité attachante de Milles, palpable dans ses œuvres, transparaît aussi dans sa demeure-atelier : un site plein de beauté et d'inspiration, dont la visite enchantera particulièrement les amateurs d'art et de design.

Dans le jardin de sculptures

À ne pas manquer

Art contemporain

Au sein du domaine, une galerie moderne et épurée est dédiée à des expositions temporaires d'art contemporain. Carl et Olga Milles ont eux-mêmes posé les carreaux de sol noir et blanc de la délicate mosaïque.

Jardin de sculptures

Milles transforma le terrain accidenté de sa propriété en un merveilleux jardin de sculptures où ses propres créations dialoguent avec des œuvres de la Grèce et de la Rome antique, du Moyen Âge et de la Renaissance. Dans ces jardins majoritairement inspirés par la Méditerranée, remarquez la "Petite Autriche", un espace paysagé offert par Carl à son épouse Olga pour atténuer son mal du pays.

Le petit atelier

Dans le jardin de sculptures, le Lilla Ateljén, conçu par Evert Milles, le frère de Carl, est orné d'une fresque représentant la baie de Naples. On s'y rend en suivant des sentiers pavés de marbre noir et blanc, bordés de pins et de bouleaux et de colonnes ioniques. Cet atelier fut créé pour permettre au sculpteur, atteint de silicose, de travailler dans un air moins saturé de poussière.

La maison des Milles

En 1921, le couple d'artistes visita Pompéi, qui leur inspira la décoration de leur demeure. C'est notamment flagrant dans ce qui allait devenir la Chambre rouge, avec ses mosaïques et ses fresques. Olga peignit les armoires de cuisine de motifs reprenant ceux des carreaux de Delft aux murs. Dans le Salon de musique, on découvre un piano à queue, mais aussi plusieurs trésors dont une sculpture de Donatello et un tableau de Canaletto.

☎ 08-446 75 90

www.millesgarden.se

Herserudsvägen 32

adulte/étudiant/enfant 150/120 Skr/gratuit

⌚11h-17h, fermé lun oct-avr

Ⓜ Ropsten, puis bus 207

☑ À savoir

▶ De mi-juin à août, une visite guidée de présentation du site, en anglais et comprise dans le billet, est proposée à 13h15 les mardi et jeudi.

Une petite faim ?

Sur la terrasse intermédiaire du jardin de sculptures, le café-restaurant **Millesgården Lanthandel** (☎ 08-446 75 93 ; Herserudsvägen 28 ; plat du jour 120-175 Skr ; ⌚11h-17h, fermé lun oct-avr) sert le déjeuner et le dîner, mais aussi cafés et pâtisseries, à apprécier au grand air ou, l'hiver, dans la salle au coin du feu.

Explorer

Kungsholmen

Longtemps sous-estimée, et négligée par les visiteurs, l'île de Kungsholmen accède enfin à la renommée qu'elle mérite. Ce quartier résidentiel, paisible, recèle en effet d'excellents restaurants, des parcs agréables en famille et une promenade plantée au bord de l'eau. Et c'est ici que se trouve l'un des édifices les plus importants de Stockholm, par son architecture et sa fonction : le Stadshuset (hôtel de ville).

L'essentiel en un jour

Faites le plein d'énergie pour la journée en petit-déjeunant chez **Vurma** (p. 103), chaleureux bistrot de quartier plébiscité par les habitants. Vous voilà ravigoté pour une bonne balade au bord de l'eau jusqu'au **Stadshuset** (p. 100), dont la visite complète est chaudement recommandée (ne manquez pas la tour).

À la mi-journée, prenez le temps de musarder autour de Scheelegatan et Hantverkargatan (voir p. 105) pour dénicher le restaurant qui vous inspire le plus : le choix ne manque pas, en particulier en matière de cuisines du monde. Au passage, vous ne résisterez pas à l'envie de faire un peu de shopping.

Pour une promenade digestive, suivez Norr Mälarstrand, au bord de l'eau, aussi loin qu'il vous plaira. En revenant sur vos pas et vers la ville, vous pourrez faire halte pour un apéro tranquille et un agréable dîner dans le cadre ultra-convivial du **Mälarpaviljongen** (p. 103), adorable restaurant flottant.

Les incontournables

Stadshuset (p. 100)

Le meilleur du quartier

Architecture
Stadshuset (p. 100)

Scène gay et lesbienne
Mälarpaviljongen (p. 103)

Gratuit
Baignade au Stadshuset (p. 101)
Rålambshovsparken (p. 107)

Se restaurer
Mälarpaviljongen (p. 103)
Vurma (p. 103)

Comment y aller

M **Tunnelbana** Rådhuset, Fridhemsplan

À pied Des abords de la Centralstationen, l'île se rejoint rapidement par le pont du Stadshusbron

Les incontournables
Stadshuset

Dominant le paysage stockholmois, l'hôtel de ville dresse de loin sa silhouette austère et imposante, mais recèle des intérieurs chatoyants. Composé de quelque huit millions de briques, il fut achevé en 1923 sur des plans de l'architecte Ragnar Östberg, grand représentant du style national romantique suédois. Ce monument emblématique renferme les bureaux de plus de 200 fonctionnaires municipaux, mais aussi des salles de réception et des cours.

Plan p. 102, E4

www.stockholm.se/stadshuset

Hantverkargatan 1

adulte/12-19 ans/- de 12 ans 100/40 Skr/gratuit

8h30-16h, visites guidées uniquement

3, 62 Stadshuset, M Rådhuset

À ne pas manquer

La tour

Ce beffroi de 106 m domine l'édifice de sa flèche d'or qui brandit les trois couronnes, symbole héraldique de la Suède royale. On n'y entre que dans le cadre des visites guidées : celles en français ont lieu trois fois par jour de 10h30 à 13h30, uniquement l'été. Des visites en anglais ont lieu régulièrement en été, moins fréquemment le reste de l'année. L'occasion d'admirer un panorama magnifique – et de se muscler un peu les cuisses !

La Salle dorée

Au centre du Stadshuset se niche l'étincelante Gyllene Salen, dont les fascinantes mosaïques, composées de 19 millions de feuilles d'or, sont l'œuvre d'Einar Forseth (1892-1988). C'est dans ce cadre opulent que se tient le banquet qui suit la remise des prix Nobel.

La fresque du prince

Le prince Eugène, artiste reconnu et généreux mécène, fit don de la fresque qu'il réalisa lui-même représentant la vue sur le lac depuis la salle d'apparat aujourd'hui appelée "galerie du Prince" : dans un saisissant effet de miroirs, la *Cité sur l'eau* fait ainsi face au vrai panorama peint par le souverain.

Stadshusparken

Ne boudez pas le parc qui flanque le Stadshuset : beau en toutes saisons, il offre aussi de jolis points de vue sur l'eau et, au-delà, sur Riddarholmen. Deux statues de Carl Eldh en gardent les marches, tandis que l'*Engelbrekt, combattant de la liberté* de Christian Eriksson trône sur une colonne dans un angle du parc. Si la météo s'y prête, faites comme les Stockholmois : piquez une tête dans le lac et dorez-vous au soleil.

À savoir

- La tour et son musée ne sont ouverts aux visiteurs que de mai à septembre.
- Si votre forme physique ne vous permet pas de partir à l'assaut de 106 m d'escaliers, un ascenseur permet d'en parcourir la moitié sans se fatiguer.

Une petite faim ?

Offrez-vous le banquet des prix Nobel au restaurant situé au sous-sol du Stadshuset, le **Stadshuskällaren** (08-586 218 30 ; www.stadshuskallarensthlm.se ; plats midi/soir dès 125/185 Skr). Avec la formule Nobel, à 1 695 Skr, vous repartirez avec un menu souvenir numéroté (les groupes pourront quant à eux choisir le menu de l'année désiré). Les plats proposés, copieux, combinent généralement viande et légumes. Le restaurant propose aussi d'autres formules midi et soir. Réservation recommandée.

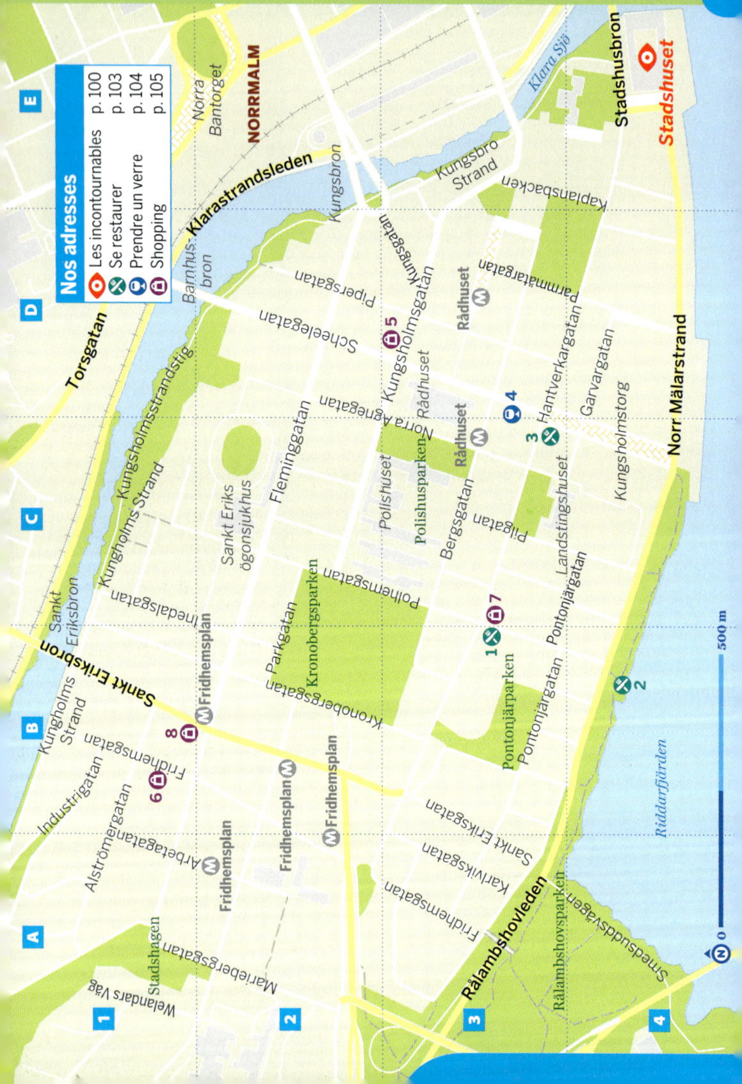

Nos adresses
Les incontournables p. 100
Se restaurer p. 103
Prendre un verre p. 104
Shopping p. 105
A
B
C
D
E
1
2
3
4
NORRMALM
Norra Bantorget
Klarastrandsleden
Barnhus-bron
Torsgatan
Kungsholmsstrandstig
Kungsholms Strand
Sankt Eriksbron
Sankt Eriksgatan
Kungsbron
Kungsbro Strand
Klara Sjö
Stadshusbron
Stadshuset
Kaplansbacken
Parmmätargatan
Piperagatan
Scheelegatan
Kungsgatan
Kungsholmsgatan
Rådhuset
Norra Agnegatan
Fleminggatan
Sankt Eriks ögonsjukhus
Polishuset
Polishusparken
Bergsgatan
Pilgatan
Hantverkargatan
Garvargatan
Kungsholmstorg
Landstingshuset
Norr Mälarstrand
Inedalsgatan
Fridhemsplan
Parkgatan
Kronobergsparken
Polhemsgatan
Kronobergsgatan
Pontonjärgatan
Pontonjärparken
Fridhemsgatan
Industrigatan
Alströmergatan
Arbetargatan
Sankt Eriksgatan
Karlviksgatan
Fridhemsgatan
Rålambshovsleden
Rålambshovsparken
Smedsuddsvägen
Riddarfjärden
Stadshagen
Welandars Väg
Mariebergsgatan
0
500 m
1
2
3
4
5
6
7
8

ANTONIO SABA / GETTY IMAGES ©

Miam, un tartare de poisson

Se restaurer

Vurma

CAFÉ **$**

1 Plan p. 102, B3

Jouez des coudes avec les habitants du quartier dans cet accueillant café boulangerie, bonne adresse où manger sain et copieux à prix doux et dans un cadre sans chichis. Sandwichs et salades sont aussi délicieux qu'inventifs, associant halloumi (un fromage du Levant), falafels, saumon fumé, avocat et légumes sur une base de quinoa ou de pâtes. Le pain maison est proprement divin. (www.vurma.se ; Polhemsgatan 15-17 ; salades 108 Skr, sandwichs 60-80 Skr ; 7h-19h lun-ven, 8h-19h sam-dim ; ; M Rådhuset)

Mälarpaviljongen

AMÉRICANO-SUÉDOIS **$$**

2 Plan p. 102, B4

Lorsque le soleil est de la partie, rares sont les adresses aussi agréables que ce bar-restaurant sur l'eau pour goûter à la *dolce vita* suédoise. Son pavillon vitré, sa vaste terrasse flottante et ses jardins aromatiques n'ont d'égal que son personnel aussi charmant qu'accueillant. À la carte, cuisine et cocktails revisitent en beauté les classiques : burgers plantureux, succulentes salades au saumon, mojitos à la fraise, etc. Ouverture selon la météo. (08-650 87 01 ; www.malarpaviljongen.se ; Norr Mälarstrand 63 ; plats 168-235 Skr ; 11h-1h ; M Rådhuset)

Bergamott

FUSION $$$

3 Plan p. 102, C3

L'équipe de Français en cuisine ne se contente pas de mitonner de délicieuses recettes franco-italiennes : ils vous apporteront peut-être eux-mêmes votre plat, vous parleront des bons produits utilisés et vous guideront dans la carte des vins. L'endroit fait régulièrement le plein d'habitués enjoués, en particulier les soirs de sessions jazz : bref, réservez. (08-650 30 34 ; www.restaurangbergamott.se ; Hantverkargatan 35 ; plats 195-325 Skr ; 17h30-24h mar-sam ; M Rådhuset)

Prendre un verre

Lemon Bar

BAR

4 Plan p. 102, D3

Voilà la parfaite incarnation du petit bar de quartier décontracté, où l'on passe à tout hasard, pour à coup sûr

Comprendre

Conseils de lecture

Rien de tel pour découvrir les mentalités d'un pays que d'en lire les auteurs fétiches. Parmi les plus grands succès de la littérature suédoise, retenons *Orm le Rouge* (1954) de Frans Gunnar Bengtsson, *Le Merveilleux Voyage de Nils Holgersson à travers la Suède* (1906-1907) de Selma Lagerlöf, la série des *Émigrants* (1949-1959) de Vilhelm Moberg, *Jalons* (1963-1964) du politicien Dag Hammarskjöld, *La Chambre rouge* (1879) d'August Strindberg, *La Fabrique de violence* (1981) de Jan Guillou ou, plus récemment, *La vie selon Ove* (2013) de Fredrik Backman.

Cependant, on le sait, c'est dans le polar que la Suède s'est le plus fait remarquer ces dernières années. L'immense succès (posthume) qu'a valu la trilogie *Millenium* au journaliste Stieg Larsson (deuxième auteur le plus vendu au monde en 2008) a renouvelé à juste titre l'intérêt pour ce genre prisé des Suédois depuis longtemps. Car *Les hommes qui n'aimaient pas les femmes* (le premier tome, paru en 2005) n'est que la partie émergée de l'énorme iceberg littéraire qu'est le polar suédois.

Les curieux pourront commencer par s'intéresser à Håkan Nesser, dont plusieurs romans comme *Retour à la Grande Ombre* (1995) ou *Le Mur du silence* (1997) ont été traduits en français, ou encore au plus célèbre écrivain "noir" de Suède, Henning Mankell, qui met en scène les enquêtes du taciturne Kurt Wallander autour de son commissariat d'Ystad. Johan Theorin, lui, a choisi l'île d'Öland comme cadre pour son "quatuor" entamé en 2008 avec *L'Heure trouble.* Karin Alvtegen (surnommée la "reine du polar" en Suède), Kerstin Ekman, Camilla Läckberg et Jens Lapidus sont d'autres plumes à suivre.

tomber sur une faune d'habitués d'humeur festive et sur de la bonne musique – en l'occurrence de la pop suédoise, sur laquelle on se met parfois à danser. (☎08-650 17 78 ; www.lemonlokal.se ; Scheelegatan 8 ; cocktails 122 Skr ; 🕐17h-1h mar, 17h-3h jeu-sam ; Ⓜ Rådhuset)

Shopping

Frank Form
MODE ET DESIGN

5 Plan p. 102, D3

Dénichez ici des articles de maison, de mode et de bijouterie, notamment de créateurs britanniques, espagnols ou tchèques, que vous ne trouverez pas ailleurs à Stockholm : un beau sweat-shirt pour homme de la marque basque Loreak Mendian, un sac à main de l'Irlandaise Orla Kiely ou des pièces uniques du Suédois Jezebel, créées spécialement pour la boutique. (☎08-54 55 05 00 ; www.frankform.se ; Kungsholmsgatan 20 ; 🕐11h-18h30 lun-ven, jusqu'à 16h30 sam ; Ⓜ Rådhuset)

Grandpa
MODE ET ACCESSOIRES

6 Plan p. 102, B1

Avec sa déco inspirée des hôtels de la Côte d'Azur des années 1970, la deuxième adresse de Grandpa à Stockholm a un charme fou. À mettre dans votre cabas, une sélection soignée de mode vintage ou imitation vintage, des accessoires et babioles branchés et décalés, et çà et là, un sèche-cheveux, une valise ou un vieux poste de radio. Sur place, le petit café sympa sert un bon expresso. (☎08-643 60 81 ; www.grandpa.se ; Fridhemsgatan 43 ; 🕐11h-19h lun-ven, jusqu'à 17h sam, 12h-16h dim ; Ⓜ Fridhemsplan)

59 Vintage Store
FRIPERIE

7 Plan p. 102, C3

On pourrait passer des heures à enchaîner les essayages dans ce petit paradis rétro, qui déborde de très belles pièces des années 1950 à 1970, pour hommes et femmes : robes de gala ultra-glamour, chaussures à plates-formes, petits blousons très Britpop, chapkas en fausse fourrure tout droit sorties du film *Le Docteur Jivago*, et même, avec un peu de chance, un sombrero à paillettes. (☎08-652 37 27 ; www.59vintagestore.se ; Hantverkargatan 59 ; 🕐12h-18h30 lun-ven, 12h-16h sam ; Ⓜ Rådhuset)

100% Stockholm

Rues gourmandes

Les restaurants sympas foisonnent à Kungsholmen, mais vous trouverez tout un chapelet de bonnes adresses de cuisine exotique autour du croisement entre **Scheelegatan** et **Hantverkargatan**. Repérez les meilleures aux mines réjouies qui en sortent ou s'y installent en terrasse.

Une fois rassasié, le Lemon Bar (p. 104), à deux pas, assouvira vos envies de cocktails soignés et de bonne musique.

Comprendre

Les Vikings

C'est sans doute à l'époque des Vikings (VIIIe-XIe siècles), quand ces vaillants "hommes du Nord" sillonnaient les mers, que la Scandinavie a le plus marqué l'histoire mondiale. Quoique davantage tournés vers le commerce que les Norvégiens ou les Danois, les Vikings de Suède n'avaient pas usurpé leur réputation de farouches guerriers. Le paganisme régnait alors sur la région : les chefs vikings se disaient les descendants du dieu Freyr, et les cérémonies au temple d'Uppsala donnaient lieu à des sacrifices animaux et humains.

Le nom

Le mot "viking" vient du norrois *vik*, "baie", probablement en référence aux périples de ces conquérants allant de mouillage en mouillage. De nombreux toponymes suédois conservent cette racine étymologique, tel Örnsköldsvik, dans le nord du pays, ou encore Alvik, une station de *tunnelbana* de la banlieue de Stockholm.

Pillards, conquérants et marchands

Les Vikings tiraient avantage d'un nouveau type de navire, rapide et très maniable tout en restant suffisamment robuste pour affronter de longues traversées. Après une période d'incursions éclair le long des côtes européennes à des fins de pillage, ils lancèrent des expéditions militaires plus organisées, conquirent des territoires et se mirent à commercer. Ces grands voyageurs s'établirent ainsi jusqu'à l'intérieur des terres slaves sous l'appellation de "Rus", et s'aventurèrent jusqu'à Terre-Neuve, Constantinople (l'actuelle Istanbul) et Bagdad, nouant des liens commerciaux avec l'Empire byzantin.

La christianisation

La religion chrétienne ne progressa vraiment qu'après le baptême d'Olof Skötkonung (vers 968-1020), resté comme le premier roi chrétien de Suède. Dès 1160, son successeur Erik IX (saint patron de la Suède) aura presque totalement éradiqué le paganisme.

Pour en savoir plus

Les Vikings, de l'historien Francis Boyer, traite brillamment de cette période de l'histoire scandinave (Suède incluse). La série *Vikings*, diffusée en France sur Canal +, donne un aperçu réaliste de la vie et des us et coutumes de ce peuple au VIIIe siècle, même si elle n'est pas toujours historiquement fiable. La cité de Birka, comptoir fondé par les Vikings sur l'île de Björkö, sur le lac Mälaren, est une excellente destination pour plonger plus avant dans leur histoire, par exemple lors des croisières organisées par **Strömma Kanalbolaget** (www.stromma.se).

PHILIP GAME / GETTY IMAGES ©

Smedsuddsbadet

Västermalmsgallerian

CENTRE COMMERCIAL

8 Plan p. 102, B1

Voilà une adresse qui regroupe de belles marques : design scandinave chez DesignTorget, petites culottes sexy chez Björn Borg, cosmétiques cultes chez Face Stockholm ou encore de la mode femme et enfants à petits prix chez H&M. (08-737 20 00 ; www.vastermalmsgallerian.se ; St Eriksgatan 45 ; 10h-19h lun-ven, jusqu'à 17h sam, 11h-17h dim ; M Fridhemsplan)

100% Stockholm

Sous les pavés, la plage

Kungsholmen peut se targuer de posséder la plus grande plage du centre de Stockholm, la **Smedsuddsbadet**. Au premier signe printanier de radoucissement, les Stockholmois s'y pressent pour profiter du soleil qui leur a tant manqué durant le long hiver. Pour leur emboîter le pas, rejoignez le **Rålambshovsparken** (M Fridhemsplan) par le sentier piétonnier qui longe Norr Mälarstrand, au bord de l'eau, vers l'ouest. Autre lieu de baignade et de bronzette dans les environs, la terrasse du Stadshuset.

Les incontournables Drottningholm

Comment y aller

Drottningholm est à 10 km à l'ouest de Stockholm.

Départs fréquents de bateaux Strömma Kanalbolaget depuis le Stadshusbron à Stockholm (trajet 1 heure ; aller-retour 195 Skr).

Facilement accessibles depuis la capitale, le domaine royal et les parcs de Drottningholm, sur l'île de Lovön, sont une excursion très prisée. La famille royale de Suède vit une partie de l'année dans le château de Drottningholm, conçu dans un style inspiré de la Renaissance par Nicodemus Tessin l'Ancien, architecte de génie ; sa construction débuta en 1662, à peu près au même moment que celle du château de Versailles. Le domaine royal de Drottningholm a été inscrit en 1991 au patrimoine mondial de l'Unesco.

À ne pas manquer

La chambre royale d'Edwige-Éléonore

La chambre royale d'Edwige-Éléonore (1636-1715), consort du roi Charles X Gustave, présente d'opulents décors qui en font l'intérieur baroque le plus riche de Suède. Des peintures y représentent l'enfance de leur fils, le futur Charles XI, tandis que le plafond, lui, montre la reine au côté de son époux.

La galerie de Charles X Gustave

De style baroque, cette galerie illustre les exploits militaires du monarque ; le plafond est orné de scènes de batailles célèbres, dont l'aura mythique rejaillit sur Charles X Gustave.

La bibliothèque

Si les 2 000 ouvrages de la collection de la reine Louise-Ulrique ont été transférés à la Bibliothèque royale de Stockholm pour en assurer la préservation, sa bibliothèque demeure, lumineuse, imposante et riche d'une grande partie de son mobilier original du XVIIIe siècle.

Le corps de garde

À l'origine dépouillé et fonctionnel, le corps de garde inférieur nord a perdu de son utilité avec le temps et, bénéficiant d'un embellissement, a changé de fonction : il est aujourd'hui paré de lourdes tentures de cuir doré, typiques des palais du XVIIe siècle.

L'escalier

L'escalier du château, minutieusement orné de statues et de trompe-l'œil à chaque palier, est l'œuvre commune de Nicodemus Tessin l'Ancien et de son fils Nicodemus Tessin le Jeune. D'en haut, on admire les jardins, au dessin tout aussi recherché et volontairement imposant : avec

☎ 08-402 62 80

www.kungahuset.se

adulte/- de 18 ans 120 Skr/gratuit, billet combiné avec le Kina Slott 180 Skr/gratuit

⏲ 10h-16h30 mai-sept, 11h ou 12h-15h30 le reste de l'année, fermé mi-déc à jan

M Brommaplan, puis bus 301-323 Drottningholm, ⛴ Stadshuskajen (l'été seulement)

☑ À savoir

▶ La visite guidée d'une heure est très intéressante (20 Skr mai-sept, gratuit le reste de l'année ; en anglais à 10h, 12h, 14h et 16h de juin à août ; à 12h et 14h le reste de l'année).

Une petite faim ?

Emportez votre pique-nique dans les jardins, ou installez-vous pour déjeuner dans l'un des restaurants proches du château.

leurs fontaines et leurs labyrinthes, ils méritent largement qu'on les explore.

Drottningholms Slottsteater

L'été, des spectacles sont toujours donnés dans le théâtre du château de Drottningholm à l'aide des machines du XVIIIe siècle, dont des cordes, poulies, chariots et machines à vent – les décors peuvent être changés en moins de 7 secondes ! L'époque avait le goût de l'illusion et du trompe-l'œil, comme en témoigne l'emploi dans le théâtre de papier mâché, de faux marbre et de fausses tentures.

Drottningholms Teatermuseum

Le théâtre toujours en activité, construit sur les instructions de la reine Louise-Ulrique et achevé en 1766, se double d'un musée. Et pour cause : resté inchangé jusqu'en 1922, c'est aujourd'hui le plus vieux théâtre au monde conservé dans son état d'origine. La passionnante visite guidée fait découvrir une salle à l'italienne ornée de trompe-l'œil en 3D et d'un ciel peint au plafond.

Kina Slott

Tout au fond des jardins royaux, vous découvrirez les somptueuses décorations du Pavillon chinois, offert par le roi Adolphe-Frédéric à la reine Louise-Ulrique en cadeau d'anniversaire surprise, en 1753. Restauré de 1989 à 1996, il déborde de chinoiseries rococo parmi les plus délicates d'Europe. Le billet d'entrée (100 Skr) comprend la visite guidée (en anglais), qui démarre à 11h, 13h et 15h tous les jours de juin à août (moins souvent en mai et septembre).

La tente des Gardes

En contrebas du Kina Slott, cette construction fantaisiste, qui n'a en réalité rien d'une tente, fut érigée en 1781 pour servir de caserne aux dragons de Gustave III. On y découvre aujourd'hui des expositions sur les jardins et sur la garde royale de Drottningholm.

Comprendre

Edwige-Éléonore

À en croire tous les témoignages, la reine Hedvig Eleonora (ou Edwige-Éléonore), épouse du roi Charles X Gustave, était à la fois une grande beauté et une souveraine avisée. À la mort du roi, en 1660, elle assura la régence jusqu'à la majorité de son fils le futur Charles XI, fonction qu'elle reprit après le décès prématuré de ce dernier en 1697, mais pour une période plus brève, jusqu'au couronnement de son petit-fils Charles XII. Fils et petit-fils étaient tout dévoués à Edwige-Éléonore, dont ils prenaient les conseils très au sérieux. Cette amoureuse du théâtre et joueuse invétérée ne boudant jamais une fête vécut une époque d'intrigues, de rumeurs et d'alliances parfois sordides, tant au plan personnel que dans le champ politique.

261
Ekerovagen
Château de Drottningholm
Drottningholms Slottsteater et Teatermuseum
Jardins royaux
Tente des Gardes
Kina Slott
Kantongatan
Ekerovagen
261
N
0

Explorer

Vasastan

Ce quartier sympathique et résidentiel recèle quelques-unes des meilleures tables de Stockholm, mais aussi plusieurs excellents hôtels et deux nouvelles galeries dans des bâtiments impressionnants. On peut également y admirer l'un des plus beaux exemples d'architecture scandinave : la Stadsbiblioteket.

L'essentiel en un jour

Commencez votre journée par une plongée dans l'œuvre du dramaturge, August Strindberg, au **Strindbergsmuseet** (p. 115), à l'intérieur de la Blå Tornet. Pour vous réconforter, offrez-vous ensuite un café et une délicieuse pâtisserie à **Xoko** (p. 116). Poursuivez dans la veine artistique en visitant le **Sven-Harrys Konstmuseum** (p. 115), un musée d'art contemporain logé dans un bâtiment au design audacieux.

Déjeunez à l'accueillant et confortable **Vurma** (p. 116). Si vous n'êtes pas pressé, détendez-vous en dégustant une bière au **Tennstopet** (p. 117), un pub suédois à l'ancienne. Remontez Odengatan pour jeter un œil à l'élégante **Stadsbiblioteket** (p. 115), la bibliothèque publique conçue par le grand architecte suédois, Erik Gunnar Asplund.

Poursuivez vos déambulations en direction de la **Bonniers Konsthall** (p. 115), une galerie à la structure étonnante, dessinée par l'architecte Johan Celsing : passionnante, elle vous occupera jusqu'au soir. Pour dîner, vous aurez l'embarras du choix ; pour une cuisine traditionnelle suédoise de haut vol, présentée sublimement et servie par un personnel impeccable, le tout dans une ambiance décontractée, rendez-vous au **Tranan** (p. 116).

Le meilleur du quartier

Musées et galeries

Bonniers Konsthall (p. 115)

Architecture

Stadsbiblioteket (p. 115)

Se restaurer

Lao Wai (p. 115)

Tranan (p. 116)

Vurma (p. 116)

Gratuit

Stadsbiblioteket (p. 115)

Parcs

Observatorielunden (p. 116)

Vasaparken (p. 116)

Comment y aller

M **Tunnelbana** St Eriksplan, Odenplan, Rådmansgatan

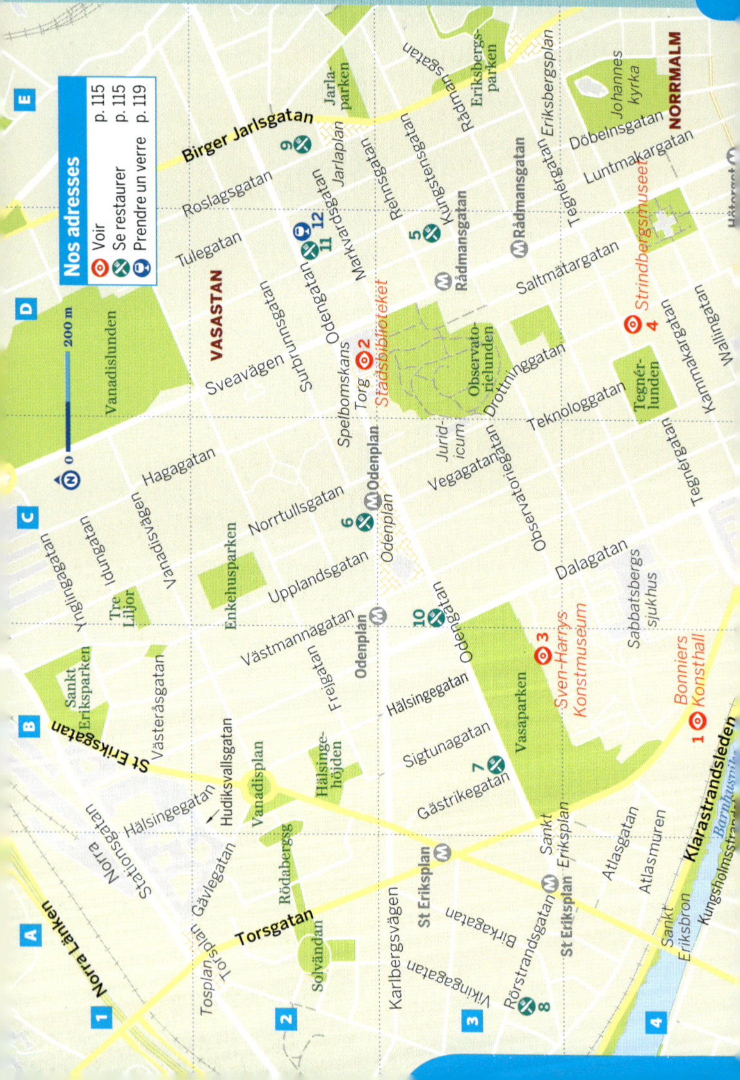
Nos adresses
Voir p. 115
Se restaurer p. 115
Prendre un verre p. 119
0 200 m
VASASTAN
NORRMALM
1 Bonniers Konsthall
2 Stadsbiblioteket
3 Sven-Harrys Konstmuseum
4 Strindbergsmuseet
Vanadislunden
Birger Jarlsgatan
Roslagsgatan
Tulegatan
Sveavägen
Surbrunnsgatan
Odengatan
Markvardsgatan
Jarlaplan
Jarla-parken
Rehnsgatan
Kungstensgatan
Rådmansgatan
Eriksbergs-parken
Eriksbergsplan
Johannes kyrka
Döbelnsgatan
Luntmakargatan
Tegnérgatan
Saltmätargatan
Observato-rielunden
Drottninggatan
Teknologgatan
Tegnér-lunden
Kammakargatan
Wallingatan
Spelbomskans Torg
Odenplan
Jurid-icum
Vegagatan
Observatoriegatan
Dalagatan
Sabbatsbergs sjukhus
Hagagatan
Norrtullsgatan
Upplandsgatan
Västmannagatan
Enkehusparken
Vanadisvägen
Idungatan
Ynglingagatan
Tre Liljor
Sankt Eriksparken
St Eriksgatan
Västeråsgatan
Hudiksvallsgatan
Vanadisplan
Hälsinge-höjden
Freigatan
Hälsingegatan
Sigtunagatan
Gästrikegatan
Vasaparken
Norra Stationsgatan
Gävlegatan
Rödabergsg
Torsgatan
Solvändan
Tosplan
Norra Länken
Karlbergsvägen
St Eriksplan
Birkagatan
Vikingagatan
Rörstrandsgatan
Sankt Eriksplan
Atlasgatan
Atlasmuren
Klarastrandsleden
Sankt Eriksbron
Kungsholmsstrand
Barnhusviken

Voir

Bonniers Konsthall GALERIE

1 Plan p. 114, B4

Cette ambitieuse galerie propose des expos d'art contemporain de haut vol ; elle dispose en outre d'une salle de lecture, d'un café accueillant et d'une riche programmation de séminaires et de rencontres. L'édifice tout en transparence, en forme de fer à repasser, est l'œuvre de Johan Celsing. Des débats autour des expositions (en anglais) ont lieu plusieurs fois par jour les mercredi, jeudi et dimanche. Visite guidée gratuite le dimanche à 14h. (08-736 42 55 ; www.bonnierskonsthall.se ; Torsgatan 19 ; adulte/enfant 80 Skr/gratuit ; 12h-20h mer, 12h-17h jeu-dim ; M St Eriksplan)

Stadsbiblioteket BIBLIOTHÈQUE

2 Plan p. 114, D2

Conçue par Erik Gunnar Asplund, la principale bibliothèque municipale de Stockholm se trouve au nord du centre-ville. Parfait exemple du néoclassicisme scandinave, elle a pour pièce maîtresse une salle de prêt ronde tapissée de milliers de livres, d'une grande beauté. (08-50 83 10 60 ; biblioteket.stockholm.se ; Sveavägen 73 ; entrée libre ; 9h-21h lun-jeu, 9h-19h ven et 12h-16h sam-dim ; M Odenplan)

Sven-Harrys Konstmuseum MUSÉE

3 Plan p. 114, B3

Ce bâtiment moderne à la flamboyante façade cuivrée accueille depuis 2011 une galerie d'art proposant des expositions temporaires stimulantes, ainsi qu'une reconstitution de la demeure que le propriétaire des lieux et collectionneur, Sven-Harry Karlsson, possédait à Lidingö. Cette dernière n'est accessible que dans le cadre d'une visite guidée (150 Skr, 40 min, en suédois seulement). Vous y trouverez aussi un restaurant primé, disposant d'une terrasse avec vue sur le Vasaparken. (08-51 16 00 60 ; www.sven-harrys.se ; Eastmansvägen 10-12 ; adulte/étudiant et senior/- de 18 ans 100/80 Skr/gratuit ; 11h-19h mer-ven, 11h-17h sam-dim ; M Odenplan)

Strindbergsmuseet MUSÉE

4 Plan p. 114, D4

Aménagé dans l'appartement de la Blå Tornet ("tour bleue") où l'écrivain et dramaturge August Strindberg (1849-1912) passa les quatre dernières années de sa vie, ce musée est l'occasion d'explorer votre penchant voyeuriste : jetez un œil dans les placards de l'auteur, parcourez les rayonnages de sa bibliothèque personnelle et observez son bureau. Expositions temporaires toujours passionnantes. (08-411 53 54 ; www.strindbergsmuseet.se ; Drottninggatan 85 ; adulte/étudiant et senior/- de 18 ans 75/50 Skr/gratuit ; 12h-16h mar-dim ; M Rådmansgatan)

Se restaurer

Lao Wai VÉGÉTALIEN $$

5 Plan p. 114, D3

Envie d'une délicieuse cuisine à base de tofu et légumes ? Ici, tout est sans

100% Stockholm

Au vert

Vasastan abrite quelques-uns des parcs les plus agréables de la capitale. Sur la colline derrière la Stadsbiblioteket se trouve l'**Observatorielunden**, un parc entourant l'Observatoire historique de Stockholm, qui appartient aujourd'hui à l'université. Dans la partie située près de la station de *tunnelbana* Rådmansgatan se trouvent un petit skatepark et des pelouses ; des sentiers permettent de passer de l'autre côté de la colline.

Non loin de là, le **Vasaparken** jouxte le Sven-Harrys Konstmuseum. Il dispose d'un terrain de football, d'un autre skatepark, d'un mur d'escalade et d'espaces verts, avec des arbres ombreux qui invitent à la détente.

gluten et végétalien ! À midi, un menu différent est proposé tous les jours de la semaine. Le menu du soir est plus cher. Goûtez le tofu fumé à la sichuanaise, servi avec des shiitakés, des piments, de l'ail, des mange-tout et des haricots noirs. (08-673 78 00 ; www.laowai.se ; Luntmakargatan 74 ; déj dagens 100 Skr, dîner plat 195-215 Skr ; 11h-14h lun-ven, 17h30-22h lun-sam ; ; M Rådmansgatan)

Tranan

SUÉDOIS $$$

6 Plan p. 114, C2

Les habitants raffolent de cet ancien pub converti en élégant petit restaurant de quartier. On y sert essentiellement une cuisine traditionnelle suédoise de poisson et fruits de mer, agrémentée de touches françaises. Le hareng frit est délicieux et la terrasse plaisante en été. Le week-end, des DJ et des groupes se produisent dans le bar en sous-sol. (08-52 72 81 00 ; www.tranan.se ; Karlbergsvägen 14 ; entrées 95-285 Skr, plats 195-345 Skr ; 17h-23h ; M Odenplan)

Vurma

CAFÉ $$

7 Plan p. 114, B3

Autre adresse de cette chaîne populaire, près de la place St Eriksplan. Salades et sandwichs délicieux. (www.vurma.se ; Gästrikegatan 2 ; salades 109 Skr ; 9h-19h lun-sam, 10h-19h dim ; ; M St Eriksplan)

Xoko

BOULANGERIE $

8 Plan p. 114, A3

Connu pour préparer les desserts servis au banquet du prix Nobel, Xoko a des allures de bijouterie, avec ses rangées de joyaux comestibles. Les gâteaux, les confiseries et les truffes sont terriblement inventifs, mais vous y trouverez aussi des versions étonnantes de produits plus modestes : pains, sandwichs et *kanelbulle*. Personnel aimable et efficace. (08-31 84 87 ; www.xoko.se ; Rörstrandsgatan 15 ; petit-déj 59-95 Skr, pâtisseries à partir de 25 Skr ; 7h-19h ; M St Eriksplan)

Caffé Nero

CAFÉ $$

9 Plan p. 114, E2

On apprécie les plats copieux (poisson, pâtes, salades) à prix doux,

TIM E WHITE / ALAMY ©

Friandises à savourer du regard chez Xoko

le café succulent et les pâtisseries de ce restaurant élégant mais sans prétention. Un brunch est proposé le samedi entre 12h et 15h. Juste à côté, le bar-restaurant chic, **Buco Nero**, reste ouvert tard ; il accueille des DJ et propose un excellent menu du soir (plats 195 Skr à 295 Skr). (www.nerostockholm.se ; Roslagsgatan 4 ; déj dagens 100 Skr, plats 100-145 Skr ; 7h-16h lun-ven, 9h-17h sam et 9h-16h dim ; M Odenplan, Rådmansgatan)

Tennstopet

SUÉDOIS, PUB $$

10 Plan p. 114, C3

Peintures à l'huile, miroirs dorés et bougies offrent un cadre chaleureux où se mélangent une faune bohème et d'indécrottables habitués. À observer avec une bonne *öl* (bière) et un plat de *husmanskost* inspirée sur la table. Goûtez l'assiette de hareng traditionnel (179 Skr). (08-32 25 18 ; www.tennstopet.se ; Dalagatan 50 ; dagens 129 Skr ; 11h30-1h lun-ven, 13h-1h sam-dim ; M Odenplan)

Storstad

FRANÇAIS, SUÉDOIS $$$

11 Plan p. 114, D2

Ce charmant resto-bar proche d'Odenplan et adjacent à Olssons (p. 119) sert des classiques scandinaves comme les *toast skagen* (boulettes de viande suédoises), ainsi que des spécialités françaises (moules-frites et tarte Tatin, notamment). L'endroit se transforme en bar à cocktails animé en soirée. (www.storstad.se ; Odengatan 41 ; plats 165-275 Skr,

Comprendre

Stockholm passe à table

La cuisine suédoise ne se résume plus aux plats de poisson et pommes de terre roboratifs. Comme beaucoup de cuisines, elle s'est enrichie de nouvelles influences grâce à l'immigration et à la mondialisation qui l'ont teintée de saveurs inédites. Aujourd'hui, une vague de chefs audacieux revisite les spécialités suédoises en y associant divers courants culinaires. En 20 ans, Stockholm s'est forgé une réputation de gastronome, et certains de ses restaurants sont devenus des lieux incontournables en Europe.

Cuisine classique

La cuisine traditionnelle suédoise ou *husmanskost* utilise des ingrédients simples. Le meilleur exemple est, naturellement, les fameuses boulettes de viande. Parmi les autres spécialités, essentiellement à base de poisson et pommes de terre, citons le hareng mariné ou frit sous différentes formes, le saumon fumé et le gravlax, et le *pytt i panna*, un sauté de pommes de terre servi avec des betteraves et un œuf sur le plat. Les sandwichs aux crevettes sont très répandus également ; ils sont composés de plusieurs étages, avec plus ou moins d'art et de mayonnaise. Bien sûr, la meilleure introduction à la cuisine suédoise est le *smörgåsbord*, généralement servi en hiver.

Menus modernes

La cuisine contemporaine suédoise mêle influences internationales, produits locaux et créativité. La population a découvert les vertus de son propre garde-manger ainsi que les saveurs exotiques venues de l'étranger. Les chefs se passionnent pour les produits de saison cultivés en Suède, comme les pommes de Kivik ou le corégone blanc de Kalix, et les utilisent de manière inventive. Le respect des saisons est très important : baies au printemps, artichauts et écrevisses en été, truffes et racines comestibles en hiver. Cette préoccupation pour les cycles agricoles se double d'un attachement aux petits producteurs et produits bio. De plus en plus, les restaurants s'enorgueillissent de servir des aliments issus de l'agriculture biologique, tout en soutenant activement les pratiques agricoles éthiques et respectueuses de l'environnement.

L'institution du fika

Le *fika* n'est pas une simple pause-café, c'est un concept culturel : moment privilégié de sociabilisation, il est associé à l'idée de prendre son temps, certes autour d'un café et, souvent, d'une délicieuse pâtisserie.

NEIL BECKERMAN / GETTY IMAGES ©

Boulettes de viande suédoises accompagnées de pommes de terre et airelles

assiettes de hareng 65-165 Skr ; 16h-24h lun, 16h-1h mar-jeu, 16h-3h ven-sam ; M Odenplan)

Prendre un verre

Olssons

BAR

12 Plan p. 114, D2

Le néon bleu à l'extérieur de cet établissement rappelle qu'il accueillait autrefois un magasin de chaussures. Aujourd'hui, il sert d'annexe à Storstad (p. 117) et forme avec ce dernier un petit îlot d'animation dans cette rue résidentielle. (08-673 38 00 ; Odengatan 41 ; 21h-3h mer-sam)

100% Stockholm

Café d'autrefois

L'arrière-salle accueillante et sans prétention du **Konditori Ritorno** (08-32 01 06 ; Odengatan 80-82 ; 7h-20h ; M Odenplan) ressemble au hall d'un vieux cinéma défraîchi. Prisés par les écrivains, les étudiants et les retraités, ses canapés en cuir usé et ses juke-box miniatures à chaque table en font une halte parfaite pour un traditionnel sandwich aux crevettes et de délicieux pains *semla* (pain à la farine de blé fourré à la crème fouettée et à la pâte d'amande). Un vrai régal.

Les incontournables
L'archipel de Stockholm

Comment y aller

Le port de Vaxholm, porte d'entrée dans l'archipel, est à 35 km au nord-est de Stockholm.

Waxholmsbolaget (www.waxholmsbolaget.se) est la principale compagnie maritime ; comptez 45-130 Skr pour un aller.

Les Stockholmois ne tarissent pas d'éloges sur l'archipel. Abritant l'une des capitales de la mer Baltique, il forme de magnifiques paysages où les voiliers voguent entre des îles rocheuses recouvertes d'épaisses forêts ou tapissées de fleurs sauvages et jalonnées des emblématiques maisons de bois rouge.

Le nombre précis d'îles dans l'archipel reste controversé : si les estimations oscillent entre 14 000 et 100 000, on s'accorde souvent sur le chiffre de 24 000. Voilà une escapade magique, facilement accessible depuis Stockholm, grâce à des ferries réguliers et à de nombreux circuits organisés.

À ne pas manquer

Vaxholm

La capitale et porte d'entrée de l'archipel reste un village charmant, même si sa proximité avec Stockholm (très vite rejointe en bus) lui vaut parfois des foules en été. Sous un soleil de printemps, difficile de ne pas succomber à ses jolies ruelles et à ses maisons de carte postale. Autres atouts, une scène gastronomique prospère – avec en fer de lance l'historique **Waxholms Hotell** (08-54 13 01 50 ; www.waxholmshotell.se ; Hamngatan 2 ; midi 105 Skr, plats 159-355 Skr ; 11h30-21h lundi-jeu, 11h-24h ven, 12h-24h sam, 12h-18h dim) – et un marché de Noël très couru. Pour une pâtisserie, rendez-vous à la Vaxholms Bageri.

Utö

Véritable star du sud de l'archipel, Utö possède de superbes plages de sable, de vertes forêts de contes de fées, des fermes paisibles, une abondante faune aviaire, une succulente boulangerie bio, **Utö Bageri** (petit-déj 80-120 Skr, midi 140 Skr, sandwichs 40-70 Skr ; 8h-17h) et un restaurant très réputé, le **Nya Dannekrogen** (08-50 15 70 79 ; www.nyadannekrogen.se ; Bygatan 1 ; plats 150-250 Skr ; mai-sept). L'offre de restauration et d'hébergement est concentrée à Gruvbryggan, le village le plus septentrional de l'île et son principal port de ferries. Les routes et les pistes qui quadrillent Utö en font un paradis pour le cycliste : renseignez-vous sur la location de vélos au port de plaisance.

Arholma

Dans l'extrême nord de l'archipel, Arholma est une île aussi belle que paisible, qui fut quasiment réduite en cendres lors de l'invasion russe de 1719. Son phare, reconstruit au XIXe siècle, accueille aujourd'hui une galerie d'art et offre de superbes

À savoir

- La compagnie de ferries Waxholmsbolaget divise l'archipel en trois zones (centre, nord et sud). Sur les différentes lignes, numérotées, un aller-retour complet par jour est généralement assuré, avec plusieurs escales.
- N'oubliez pas que la plupart des villages de l'archipel, très isolés, ont une offre limitée de restauration et de commerces : emportez donc quelques provisions. Vous trouverez un bar-restaurant sur les ferries.

Une petite faim ?

Quelle que soit votre destination dans l'archipel, il y a fort à parier que vous passerez par Vaxholm, soit pour une correspondance de ferries, soit pour visiter ce joli port. Allez donc vous régaler de fruits de mer dans le cadre historique du Waxholms Hotell.

Comprendre

Croisière express ou flânerie insulaire ?

Deux options s'offrent à vous pour visiter l'archipel, selon vos envies et le temps à votre disposition.

▶ Le temps vous manque ? Des croisières organisées, de quelques heures à une journée complète, permettent de voir plusieurs îles, avec de courtes escales dans une ou deux. Renseignez-vous sur les différentes formules proposées par **Stromma Kanalbolaget** (08-12 00 40 00 ; www.stromma.se ; Strandvägen 8) ; la plus complète, très appréciée, est le circuit "1 000 îles" (à partir de 1 150 Skr), qui comprend le déjeuner et le dîner et rallie des îles au large.

▶ Si au contraire vous avez plusieurs jours, prenez le temps de flâner d'île en île et planifiez librement votre itinéraire avec les ferries **Waxholmsbolaget** (08-679 58 30 ; www.waxholmsbolaget.se ; Strömkajen ; aller simple 45-130 Skr, pass 5/30 jours 440/770 Skr ; 8h-18h ; M Kungsträdgården). L'archipel possède tant d'auberges de jeunesse, de campings et d'hôtels chaleureux (sans parler de quelques excellents restaurants) qu'il serait dommage de ne pas en profiter.

panoramas. Station balnéaire prisée au début du XXe siècle, Arholma en a gardé des airs cossus, tout en conservant sa vocation agricole et ses champs, auxquels s'ajoutent des sentiers de randonnée et de belles plages. **Bull-August Vandrarhem** (0176-560 18 ; www.bullaugust.se ; Arholma Södra Byväg 8 ; s/d à partir de 340/575 Skr) est une excellente auberge.

Finnhamn

Cette île longue de 900 m, au nord-est de Stockholm, couverte de forêts et de prairies, se découpe en criques abritées et en falaises rocheuses et a souvent les faveurs de hiboux grands-ducs. Quoique très fréquentée l'été, elle ménage suffisamment de coins tranquilles pour satisfaire l'ermite qui sommeille en vous. Des sentiers de randonnée la sillonnent en tous sens, dévoilant par endroits d'époustouflantes vues panoramiques. Si la faim vous tiraille, ne passez pas à côté de l'excellente cuisine du **Finnhamns Krog** (08-54 24 62 12 ; www.finnhamn.se ; Ingmarsö ; entrées 98-185 Skr, plats 175-265 Skr ; 11h-21h juin-août, week-end seulement le reste de l'année), réputé pour ses fruits de mer et ses spécialités régionales génialement revisitées.

Uppsala
Erken
Arholma
E4
Ekoln
Knivsta
77
280
Rimbo
Kapellskär
77
Aéroport de Stockholm-Arlanda
E18
Marö
77
Furusund
Gräskö
Kudoxa
Sigtuna
273
273
Bergshamra
Parc national d'Ängsö
Yxlan
Norröra
276
Söderöra
E4
Siaröfortet (Kyrkogårdsön)
Blidö
268
Svartlöga
Brunna
276
Siarö
Kungsängen
Ljusterö
Finnhamn
Ängö
E18
Mälaren
Ingmarsö
274
Svartsö
Stora Kalholmen
Möja
Lidingö
Vaxholm
Grinda
Aéroport de Stockholm-Bromma
Gällnö
Lökaön
Färingsö
Fjäderholmarna
Vindö
Hasseludden
Harö
STOCKHOLM
Gustavsberg
Djurö
Ekerö
Globen
Värmdö
Eknö
222
Saltsjöbaden
Sandhamn
E20
Stavsnäs
Sandön
Grönskär
Huddinge
Alta
Ingarö
Botkyrka
Tyresö
Runmarö
Nämdö
Bullerö
Vårsta
Jordbro
Mörtö
Langviksskärs naturreservat
257
Dalarö
Ornöboda
Årsta Havsbad
Kymmendö
Fiversättraön
Ornö
Muskö
Fjärdlång
73
Ösmo
Gruvbryggan (Gruvbyn)
Utö
Nynäshamn
Rånö
Ålö
Bedarön
Nattarö
Himmerfjärden
N
0
30 km

Stockholm selon ses envies

Les plus belles balades

Envie de...

Sergels Torg, Norrmalm

Les plus belles balades

Gamla Stan et ses environs

Itinéraire

Parcourir Gamla Stan, c'est remonter aux racines de Stockholm. L'essentiel de l'offre touristique se concentre sur Västerlånggatan et Stora Nygatan, mais il suffit de s'aventurer dans certaines ruelles adjacentes, plus biscornues et plus paisibles, pour découvrir des paysages urbains presque inchangés depuis le Moyen Âge.

Départ M Gamla Stan

Arrivée M Gamla Stan

Distance et durée 2,5 km ; 1 heure 30

Une petite faim ?

Entrez dans le modeste **Cafe Järntorget** (www.cafejarntorget.se ; Västerlånggatan 81 ; glace 27-78 Skr ; 8h-18h lun-ven, 10h-18h sam-dim, jusqu'à 23h en été ; M Gamla Stan) pour goûter d'irrésistibles crèmes glacées à l'excentricité toute suédoise, par exemple safran-miel ou réglisse.

La terrasse d'un café de Gamla Stan

1 Riddarholmen

Hormis sa jolie cathédrale (p. 31), cet îlot méconnu ne regorge certes pas de sites touristiques, mais ses rues pavées et les façades pastel de ses bâtisses lovées les unes contre les autres en font un régal pour le flâneur.

2 Evert Taubes Terrass

À l'extrémité ouest de Riddarholmen, cette esplanade pavée est ornée de chaque côté de sculptures impressionnantes. *Everlife* est un bronze réalisé en 1990 par Willy Gordon en hommage à celui qui donne son nom à l'esplanade, le chanteur et luthiste suédois Evert Taube. À l'autre bout se dresse la sculpture *Solbåten* (1966) de Christian Berg.

3 Riddarhuset

En repartant vers Gamla Stan, vous passerez devant la Riddarhuset, imposant édifice rose et turquoise pastel. La "Maison de la Noblesse" (ou "des Chevaliers") est l'œuvre des architectes français Simon et Jean de la Vallée, père et fils, et fut achevée en 1660. La statue devant représente Axel Oxenstierna (1583-1654), proche conseiller de la reine Christine.

❹ Stortorget

Rejoignez Mynttorget pour déboucher dans Västerlånggatan, la grande rue commerçante du quartier, avant de remonter vers Prästgatan, plus tranquille. Tournez à gauche et montez jusqu'à Stortorget, la belle place principale de la vieille ville, flanquée de sublimes bâtiments anciens et souvent prise d'assaut par d'insouciants vacanciers – qui pourrait dire qu'elle fut le théâtre d'un massacre, le "bain de sang de Stockholm", en 1520 ?

❺ Köpmantorget

Suivez Köpmangatan (la "rue du Marchand") jusqu'à une placette triangulaire où trône une réplique en bronze, de 1912, du *Saint Georges terrassant le dragon* de Bernt Notke, dont l'original en bois, du XVe siècle, repose à la **Storkyrkan** (p. 30). Prenez la rue en pente sur votre droite, et continuez sur Österlånggatan, autre importante artère commerçante.

❻ Järntorget

Österlånggatan débouche sur cette charmante place à peine plus récente que Stortorget (elle date du XIVe siècle), qui fut longtemps un grand marché, d'abord de maïs, puis de ferronnerie. En revenant vers votre point de départ, ne manquez pas Mårten Trötzigs Gränd, la rue la plus étroite de Stockholm, qui se faufile vers la droite en remontant Västerlånggatan.

Les plus belles balades

Au bord de l'eau

Itinéraire

Ce n'est pas pour rien que Stockholm se fait appeler "la belle sur l'eau" : bâtie sur 14 îles, elle peut se targuer de longs kilomètres en bord d'eau. Cette promenade en emprunte quelques-uns des plus beaux tronçons. Découvrez des paysages de carte postale et des coins incontournables, à arpenter de préférence en fin d'après-midi – et avec un appareil photo !

Départ M Slussen

Arrivée Kastellholmen

Distance et durée 8 km ; 1 à 3 heures

Une petite faim ?

Pour manger sur le pouce et typiquement suédois, rien de tel qu'une assiette de harengs préparés par le stand **Nystekt Strömming** (Södermalmstorg ; assiettes 35-75 Skr ; 11h-20h lun-ven, jusqu'à 18h sam-dim), juste à la sortie de la station de *tunnelbana* Slussen. Table de pique-nique à proximité.

JORG GREUEL / GETTY IMAGES ©

Sur le Skeppsholmsbron

❶ Monteliusvägen

Suivez Hornsgatan vers l'ouest depuis la station de *tunnelbana* Slussen – vous passerez devant **Akkurat** (p. 80), excellente adresse pour boire une bonne bière à Stockholm. Vous prendrez à droite dans Bellmansgatan, puis à gauche dans Bastugatan, qui vous conduira jusqu'au Monteliusvägen : ce chemin longe de belles demeures historiques et dévoile un magnifique panorama sur Stockholm et ses étendues d'eau.

❷ Fjällgatan

De retour vers Slussen, montez Katarinavägen jusqu'au croisement avec Fjällgatan. Cette toute petite rue, jumelle de Monteliusvägen, est un chemin gravillonné bordé de maisons anciennes qui ménage une belle vue aussi, d'un autre angle. À son extrémité, près du **Hermans Trädgårdscafé** (p. 76), un escalier branlant descend vers Stadsgårdsleden, que vous prendrez en direction de Slussen.

❸ Skeppsbrokajen

Traversez Gamla Stan sans quitter le bord de l’eau en suivant le Skeppsbron et Skeppsbrokajen : la circulation de bateaux est intense par ici, et la vue sur Skeppsholmen, de l’autre côté du Strömmen, imprenable.

❹ Strömparterren

Faites le tour du **Kungliga Slottet** (p. 24) pour prendre à droite par le Norrbro. Ce petit pont, qui enjambe un parc de sculptures appelé le Strömparterren, a bien failli être démoli au profit d’un parking. Heureusement, grâce aux découvertes réalisées sous terre à la faveur des travaux, il abrite aujourd’hui l’excellent **Medeltidsmuseet** (p. 30). Au bout du pont, tournez à droite et marchez au bord de l’eau et du Norrström jusqu’à la passerelle qui rejoint Skeppsholmen.

❺ Kastellet

La balade se poursuit sur la côte ouest de l’île verdoyante de Skeppsholmen, où vous passerez devant la Vandrarhem af Chapman & Skeppsholmen, fameuse auberge de jeunesse sur l’eau. Tout au bout de l’île se cache une île plus petite encore, Kastellholmen, qui abrite le fort du Kastellet. Le tour de cet îlot offre un panorama à 360°, notamment sur Gamla Stan, Södermalm et Djurgården.

Envie de... Gastronomie

À Stockholm, les plaisirs de la table sont du sérieux, et la ville peut s'enorgueillir de 11 étoiles au guide Michelin. Visiteur gastronome, que vous soyez amateur de cuisine traditionnelle suédoise (boulettes de viande à la confiture d'airelles, hareng frit de la Baltique ou savant sandwich de crevettes) ou plutôt curieux des expériences des jeunes chefs créatifs, vous ne serez pas déçu.

Sur le pouce

Pour un grignotage dans la rue, les Suédois ne jurent que par le hot dog. La formule de base est la *grillad korv med bröd* ("saucisse grillée dans du pain"), mais vous pouvez tenter aussi la saucisse *kokt* (bouillie). Les aventuriers de la saucisse ont même l'embarras du choix : la *korv,* roulée dans du pain "polaire", s'agrémente de toutes sortes d'accompagnements, de la salade de crevettes à la purée de pommes de terre.

Repas de fête

À l'approche de Noël, nombre de restaurants proposent le *julbord,* variante gargantuesque du *smörgåsbord,* le buffet suédois. Au menu, outre les traditionnels harengs, gravlax, boulettes de viande, plats de côtes et boudins, on trouve de vrais régals de saison, tel le *Janssons frestelse,* un gratin de pommes de terre à la crème, aux oignons et aux anchois.

Formule déjeuner

Le midi en semaine, le *dagens rätt* est la solution pour bien manger à petit prix à Stockholm. Servie de 11h à 14h du lundi au vendredi, cette formule comprenant un plat chaud, une boisson, du pain et un café, revient généralement entre 85 et 125 Skr. Une bonne pratique que l'on doit, à l'origine, à une initiative subventionnée par l'État suédois.

JOHNER IMAGES / GETTY IMAGES ©

☑ À savoir

- En Suède, les restaurants ne proposant pas au moins un plat végétarien sont des exceptions.
- De nombreuses adresses végétariennes sont des buffets à volonté, formule très prisée des Stockholmois.
- Appelé *röding* en suédois, l'omble chevalier, cousin de la truite et du saumon, est un délice à déguster en saison. Les chefs raffolent de sa chair au goût délicat qu'ils déclinent en mille recettes inventives.

Den Gyldene Freden

Restaurants

Tranan Version chic du resto de quartier, pour une cuisine suédoise irréprochable. (p. 116)

Kryp In Une adresse classe mais pas guindée, qui revisite merveilleusement les classiques de la gastronomie nationale. (p. 33)

Den Gyldene Freden Le plus vieux restaurant de Stockholm n'a rien à envier aux jeunes. (p. 34)

Mälarpaviljongen Un restaurant flottant, qui sert d'excellents cocktails. (p. 103)

Mathias Dahlgren Attention, une star est aux fourneaux. (p. 44)

Grands Verandan Le meilleur *smörgåsbord*, sans discuter. (p. 43)

Lisa Elmqvist Des fruits de mer à se damner, dans l'Östermalms Saluhall. (p. 90)

Cuisine végétarienne

Lao Wai Un resto asiatique 100% vegétalien, avec une imbattable formule déjeuner en semaine. (p. 115)

Hermitage Excellent rapport qualité/prix pour ce buffet végétarien de la vieille ville. (p. 33)

Vurma Ambiance décontractée et superbes salades distinguent ce café de quartier. (p. 103 et p. 116)

Rosendals Trädgårdskafe Un café idyllique, dans un jardin botanique. (p. 67)

Chutney Excellente adresse pour un déjeuner végétarien. (p. 77)

Envie de... Musées

Encore un domaine dans lequel Stockholm excelle : difficile de trouver un mauvais musée dans cette ville. Peut-être est-ce cette passion du design qui fait qu'ici, on sait si bien joindre le didactique à l'agréable. Les musées d'art sont de vraies beautés où l'on aurait presque envie de venir sur son trente et un, tandis que les musées d'histoire font un savant usage du multimédia pour mieux diffuser le savoir.

LONELY PLANET / GETTY IMAGES ©

Pour tous les goûts

Kungliga Slottet Le palais royal, vrai chef-d'œuvre lui-même, renferme aussi plusieurs musées. (p. 24)

Skansen L'écomusée de la Suède, dédié à son histoire et à sa culture. (p. 52)

Vasamuseet Construit spécialement pour raconter l'histoire de ce navire – et son naufrage. (p. 56)

Historiska Museet Passionnante plongée multimédia dans l'histoire de la Suède. (p. 84)

Nobelmuseet Laissez-vous inspirer par les plus grands esprits de notre temps. (p. 30)

Medeltidsmuseet Visitez la Stockholm médiévale, et les soubassements du palais royal. (p. 30)

Nordiska Museet L'art et l'artisanat suédois à travers les âges, présentés de façon ludique. (p. 63)

Spritmuseum Un regard amusant sur le rapport complexe de la Suède à l'alcool. (p. 63)

Tekniska Museet Comprendre comment ça marche, cela passionne petits et grands enfants. (p. 95)

Etnografiska Museet Une muséographie bien pensée qui donne vie aux cultures lointaines. (p. 95)

Rien que de l'art

Moderna Museet L'un des meilleurs musées d'art moderne d'Europe. (p. 58)

Bonniers Konsthall Œuvres avant-gardistes dans une architecture futuriste. (p. 115)

Prins Eugens Waldemarsudde Très beau musée, dans un cadre magnifique au bord de l'eau. (p. 64)

Envie de... Shopping

À Stockholm, le shopping est à la fois un sport, un plaisir et une forme d'art. Que vous vous contentiez de lèche-vitrines ou recherchiez des idées cadeaux, les adresses sont légion dans tous les quartiers. Et n'oubliez pas que si vous êtes ressortissant d'un pays hors UE, vous pouvez bénéficier d'une détaxe sur vos achats importants, à demander à la douane en quittant le pays.

Que rapporter de Stockholm ?

Pour des souvenirs et cadeaux typiquement suédois, pensez aux jouets et figurines en bois sculpté, à l'image du célèbre *Dalahäst* (cheval de Dalécarlie), à la verrerie, en décoration ou en objets utiles, aux tissus et linge de maison, et au délicat artisanat sami, en particulier les cuirs, les objets en bois et les bijoux en fils de métal tissé.

Où faire son shopping ?

Pour des souvenirs classiques, des T-shirts et des cartes postales, rendez-vous sur Drottninggatan dans le centre-ville, ou bien Västerlånggatan dans Gamla Stan. Préférez Norrmalm et Östermalm pour musarder dans de belles boutiques, et Södermalm si vous cherchez plutôt du vintage et du décalé.

Science Fiction Bookshop Une adresse sympa pour dénicher des livres et des jeux, en anglais et en suédois. (p. 35)

Studio Lena M D'adorables déclinaisons des tissus, imprimés et bibelots typiquement suédois. (p. 35)

NK Un grand magasin pour trouver absolument tout, en version haut de gamme. (p. 49)

Svensk Slöjd Artisanat suédois de grande qualité. (p. 93)

Svenskt Tenn Le vénérable ancêtre du design innovant à la suédoise, presque un musée. (p. 93)

Acne Jeans et autres pièces tendance. (p. 38)

Marimekko Une marque irrésistible, aux beaux motifs colorés. (p. 38)

Envie de... Design

Cela saute aux yeux : à Stockholm, le design est partout, combinant beauté et fonctionnalité de façon relativement démocratique, et en tout cas omniprésente. Que vous souhaitiez rapporter du design suédois chez vous, vous en inspirer ou bien simplement admirer ce sens éminemment scandinave de l'épure dans son environnement, vous aurez l'embarras du choix.

Mobilier

Si l'on devait définir le mobilier scandinave, les maîtres mots seraient élégance, discrétion, lignes pures et matériaux naturels. Rendez-vous chez les antiquaires aussi bien que dans les magasins les plus pointus pour mesurer l'évolution du design d'ameublement et remarquer ses constantes.

Tissus

Les textiles sont l'un des matériaux d'excellence du design scandinave, et un merveilleux support à toutes les expérimentations chromatiques et graphiques. En fauteuils, en rideaux, sous la forme de sacs à main, taillés en vestes, chapeaux, robes et même en abat-jour, les tissus à motifs sont une signature du design suédois.

Design vivant

Le meilleur moyen de découvrir le design suédois reste évidemment de l'apprécier dans son "habitat" naturel. Stockholm compte plusieurs "hôtels design" bien connus, dont le Birger Jarl (p. 48), l'un des pionniers du genre. La quasi-totalité des restaurants et des bars recommandés dans ce guide ont une touche design intéressante, quel que soit le style. Alors entrez, scrutez, admirez, prenez même des notes si le cœur vous en dit : le beau appartient à tous !

Svenskt Tenn L'endroit idéal pour admirer du design suédois traditionnel. (p. 93)

Nordiska Galleriet Vaste showroom de mobilier tendance, une sorte d'IKEA haut de gamme. (p. 93)

Nordiska Museet Riches collections illustrant, par les objets, l'histoire du design scandinave. (p. 63)

Café Opera Déco intérieure chicissime signée Thomas Sandell. (p. 48)

Sturehof Une adresse très courue pour ses fruits de mer et son bar chic, conçue par Jonas Bohlin. (p. 91)

TIM E WHITE / ALAMY ©

Envie de... Café(s)

Le café tient une place si importante dans le quotidien des Suédois qu'ils ont un verbe pour dire "retrouver des amis pour une pause-café" : c'est *fika*. Le pays se classe même deuxième au monde par sa consommation de petit noir, juste derrière la Finlande. La gamme des boissons à base de café s'est considérablement étoffée ces dernières années, de même que les établissements qui les servent. À accompagner sans discuter d'une douceur : les Suédois confectionnent de succulents gâteaux et pâtisseries.

Xoko Être la pâtisserie qui prépare les desserts du banquet de remise des prix Nobel, ça en impose. (p. 116)

Caffé Nero Un parangon de coolitude, qui fait aussi restaurant. (p. 116)

Sturekatten Salon de thé façon bric à-brac de grand-mère, plein de recoins chaleureux. (p. 91)

Café Saturnus Des brioches à la cannelle plantureuses, une jolie déco et un personnel aux petits soins. (p. 91)

Grillska Husets Konditori Excellente boulangerie avec terrasse sur la grand-place historique de Gamla Stan. (p. 34)

Vette-Katten Un lieu immense mais convivial pour des sandwichs et pâtisseries fabuleux. (p. 45)

String Déco dépareillée, ambiance décontractée et clientèle sympa. (p. 78)

Envie de... Vie nocturne

De la cave voûtée où savourer tranquillement une pinte, au club sous stroboscopes où l'ambiance monte à partir de 3h du matin, l'éventail des nuits stockholmoises est large. Dans le premier cas, pas de préparation particulière, mais si vous envisagez une longue nuit en boîte, il y a quelques précautions à prendre. Si possible, rendez-vous sur le site Internet du club pour vous inscrire sur la *guest list* (surtout si vous voulez aller dans un endroit précis et/ou n'avez qu'une soirée à passer en ville). Dans tous les cas, soignez votre look, emportez de l'argent liquide et suivez votre instinct (et les noctambules) : vous passerez forcément une bonne soirée.

Pet Sounds Bar Repaire branché rock indé et super *happy hour*. (p. 79)

Monks Porter House Ambiance cave tamisée et choix de bières à faire tourner la tête. (p. 35)

Le Rouge Bar lounge opulent et sexy, dans Gamla Stan. (p35)

Absolut Icebar Touristique mais irrésistible : frayez-vous un chemin jusqu'au bar de glace et sirotez bien frappé. (p. 45)

Akkurat Excellent bar à bières au choix pléthorique, avec une agréable cour couverte. (p. 80)

Berns Salonger Une institution stockholmoise, haut lieu de la nuit, dans un cadre historique. (p. 45)

Lilla Baren@Riche Un bar proprement adorable, à la clientèle posée. (p. 92)

Spy Bar Réputé pour sa sélection drastique à l'entrée, à moins d'être soi-même célèbre (ou d'en avoir l'air). (p. 92)

Laroy Boîte ultra-courue, en dessous du Spy Bar. (p. 92)

Sturecompagniet Un club d'Östermalm que vous recommanderont les Stockholmois. (p. 92)

TIM E WHITE / ALAMY ©

☑ À savoir

- Le vestiaire est obligatoire dans de nombreux clubs et bars, et souvent payant (20-30 Skr).
- Les soirs d'affluence, les clubs font parfois chèrement payer l'entrée (150-200 Skr) – après vous avoir fait attendre dehors. Pensez à vous inscrire sur la liste d'entrée via le site Internet du lieu.
- Certains clubs restent ouverts après la fermeture du *tunnelbana* : prévoyez un budget taxi ou mémorisez les lignes de bus de nuit.

Envie de... Stockholm avec des enfants

Stockholm est une excellente destination familiale : les occupations ne manquent pas pour les enfants, et transports et infrastructures facilitent la vie des familles. De plus, de nombreux musées sont gratuits pour les moins de 18 ans. La plupart des sites touristiques proposent des aires de jeux et des activités spécifiques, mais souvent orientées vers les plus petits.

Junibacken Retrouvez Fifi Brindacier et ses amis dans l'univers d'Astrid Lindgren. (p. 64)

Aquaria Vattenmuseum Certes, on y dispense un message de sensibilisation, mais qu'est-ce qu'on s'y amuse aussi ! (p. 64)

Gröna Lund Tivoli Un parc à thème avec jeux, manèges et montagnes russes. (p. 65)

Spårvägsmuseet Pour jouer au conducteur de *tunnelbana* et comprendre les origines de l'excellent réseau de transports de Stockholm. (p. 76)

Leksaksmuseet Les jouets de toutes sortes et de toutes époques sont la passion de ce musée insolite. (p. 76)

Skansen Un must en famille, avec son zoo et des dizaines d'activités. (p. 52)

RACHEL LEWIS / GETTY IMAGES ©

Envie de... Stockholm gratuit

DUSICA PARIPOVIC / GETTY IMAGES ©

La majorité des musées stockholmois ont au moins une nocturne non payante par semaine, et quelques-uns des meilleurs sont gratuits pour les enfants, souvent jusqu'à 18 ans (parfois 21 ans). Pour des activités sans bourse délier, pensez aux parcs publics et aux plages, mais aussi au lèche-vitrines et aux balades dans des quartiers verdoyants comme Djurgården et Gärdet – et puis observez simplement la vie douce de la belle Suédoise.

Stadshuset Baignade gratuite depuis la terrasse de l'hôtel de ville – tous les Stockholmois en profitent. (p. 100)

Rålambshovsparken Un vaste parc où se baigner, jouer, pique-niquer ou simplement lézarder. (p. 107)

Moderna Museet Le vendredi de 18h à 20h, le meilleur de l'art moderne sans bourse délier. (p. 58)

Stampen Une clientèle nombreuse d'habitués enjoués se retrouve pour une session jam de blues le samedi à 14h. (p. 34)

Tekniska Museet Le mercredi de 17h à 20h, venez en famille explorer gratuitement cet immense et passionnant musée. (p. 95)

Kulturhuset Pléthore d'activités gratuites pour les enfants, de l'atelier artisanat à la bibliothèque BD. (p. 43)

Envie de... Architecture

Stockholm a conservé une impressionnante palette de grands styles architecturaux, dont plusieurs constructions des Tessin, architectes de père en fils, auxquels la ville doit une bonne part de son allure actuelle. Pour un panorama de l'architecture suédoise et de ses inspirations, et un aperçu des tendances d'aujourd'hui, rendez-vous à l'Arkitektur- och Designcentrum (p. 66), voisin du Moderna Museet.

Les grands ancêtres

La plupart des monuments emblématiques de Stockholm sont antérieurs au grand mouvement moderne de l'architecture, tels les deux palais royaux, le Kungliga Slottet et Drottningholm, ou l'imposant Stadshuset. L'architecture locale a également été marquée, quoique brièvement, par le style national-romantique suédois, tendance plutôt dépouillée d'ornements influencée par l'Arts and Crafts britannique et le Jugendstil allemand.

Quelques grands noms

Gunnar Asplund (1885-1940), probablement le plus grand représentant de l'architecture moderne en Suède, a conçu l'incontournable Stadsbiblioteket ainsi que l'étonnant cimetière de Skogskyrkogården. Autre référence, Peter Celsing est l'architecte de la Kulturhuset, farouchement contemporaine.

Nombre des édifices les plus remarquables de Stockholm furent l'œuvre de Nicodemus Tessin l'Ancien, architecte de la Cour à la fin du XVIIe siècle. Tessin le Jeune, lui, travailla sur plusieurs grandes réalisations dont le "nouveau" Kungliga Slottet.

Stadsbiblioteket Gracieuse, d'où qu'on la regarde. (p. 115)

Kulturhuset Une ode à l'audace qui a flirté avec l'impopularité. (p. 43)

Dramaten Le Théâtre royal est tout à la gloire exubérante du Jugendstil. (p. 92)

Stadshuset Imposant et austère de l'extérieur, l'hôtel de ville brille de mille feux à l'intérieur. (p. 100)

Östermalms Saluhall Ce temple de la gastronomie est aussi une beauté architecturale. (p. 91)

Globen Une balle de golf géante à la pointe sud de la ville. (p. 81)

Envie de... Scène musicale

La musique suédoise est bien plus riche que ne le laisse penser la programmation des radios. Le jazz et le blues sont très prisés ici, les concerts classiques se révèlent parfois très bon marché, et de grands noms pop-rock se produisent régulièrement à Stockholm. Soyez attentif, dans la ville, aux affiches annonçant des concerts.

Jazz

Le succès du jazz suédois ne se dément pas depuis les années 1930, avec un bel apogée dans les années 1950, incarnées par des artistes comme Lars Gullin et Monica Zetterlund. Les clubs de jazz sont très courus, et les amateurs ne manqueront pas le Stockholm Jazz Festival (p. 142).

Rock et pop

On pense immédiatement à ABBA, et les fans se précipiteront au musée qui leur est dédié (p. 64), mais cela ne fut que le début de la grande influence de la Suède sur la pop mondiale. Car le pays est le 3e exportateur mondial de musique, juste derrière les États-Unis et la Grande-Bretagne – une prouesse au regard de sa modeste démographie.

Opéra, musique classique et danse

Les amateurs trouveront à Stockholm une programmation chargée, notamment à l'Opéra royal, classé au patrimoine national. La Dansens Hus présente un répertoire dansé moderne et vivant, tandis que les concerts de la Konserthuset sont à la fois abordables et accessibles.

Salles de concerts

Glenn Miller Café Blues et ambiance décontractée dans cet accueillant bar de quartier. (p. 47)

LONELY PLANET / GETTY IMAGES ©

Debaser La salle accueille des affiches rock indé et variétés. (p. 80)

Mosebacke Etablissement Concerts de grands noms et de petits chouchous stockholmois. (p. 81)

Clubs de jazz

Stampen Une boîte de jazz chaleureuse à Gamla Stan. (p. 34)

Fasching L'institution du jazz à Stockholm. (p. 47)

Opéra, musique classique et danse

Dansens Hus Un lieu incontournable pour tout amateur de danse. (p. 47)

Konserthuset Concerts classiques dans un élégant édifice bleu. (p. 47)

Operan L'Opéra royal est une expérience indispensable. (p. 47)

Envie de...
Scène gay et lesbienne

Stockholm n'a pas vraiment de quartier gay : la communauté homosexuelle se fond si bien dans cette société tolérante et chaleureuse que le besoin ne s'en fait guère sentir. Aussi ses bars et clubs sont-ils disséminés dans toute la ville, et même les établissements qui s'affichent gays sont fréquentés par une clientèle mixte de gays, de lesbiennes et d'hétéros. De toute façon, tout le monde est le bienvenu partout. Les couples homosexuels se marient et ont des enfants, et les pouvoirs publics luttent activement contre la discrimination.

Pour en savoir plus

Pour un agenda quasi exhaustif des soirées, consultez *QX* (www.qx.se), un magazine et site Internet dédié à la nuit gay et lesbienne à Stockholm. Les offices du tourisme éditent également une carte du *Gay Stockholm*. Les lieux de fête les plus courus étant en perpétuelle évolution, renseignez-vous sur les must du moment. Et si vous le pouvez, faites coïncider votre séjour avec la Stockholm Pride (p. 142), fin juillet ou début août : ces festivités d'une semaine sont la plus grande fête des fiertés de toute la Scandinavie.

IVAN VDOVIN / ALAMY ©

Restaurants

Chokladkoppen Excellente adresse pour siroter un *latte* en observant quelques beautés. (p. 34)

Mälarpaviljongen Cocktails fabuleux et bonne cuisine dans un cadre superbe, au bord de l'eau, ouvert à tous. (p. 103)

Vie nocturne

Torget Un bar chic et accueillant à Gamla Stan (p. 35)

Lady Patricia Un club festif sur l'eau, où tout le monde se mélange. (p. 80)

Envie de... Fêtes et festivals

CHRISTIAN ASLUND / GETTY IMAGES ©

Il se passe toujours quelque chose à Stockholm, et plus encore en été. Découvrir quelques-uns des meilleurs cuisiniers de la capitale, apprécier de la musique et du cinéma du monde entier, ou simplement profiter de l'offre du moment, vous trouverez forcément un événement qui vous plaira. Rendez-vous à Kungsträdgården le week-end pour des activités, ou renseignez-vous dans un office du tourisme.

Festival international du film de Stockholm (www.stockholmfilmfestival.se). En novembre, cette grande fête du cinéma suédois et étranger fait intervenir des acteurs et réalisateurs de renom.

Smaka På Stockholm (www.smakapastockholm.se). Fin mai-début juin, cinq jours dédiés à la scène gastronomique régionale, avec des stands de restauration gourmets (où sont notamment représentées des tables de l'archipel) et diverses manifestations à Kungsträdgården.

Stockholm Pride (www.stockholmpride.org). Stockholm se pare de rose fin juillet-début août pour une semaine de fêtes et d'événements culturels, et bien sûr une grande marche des fiertés.

Stockholm Jazz Festival (www.stockholmjazz.com). Un must de l'agenda jazz en Europe avec le Fasching pour scène principale. En octobre.

Envie de... Mode

Stockholm est la capitale de la mode en Suède et un excellent vivier de stylistes talentueux qui s'exportent bien. Dans les grands quartiers commerçants se retrouvent aussi tous les grands noms de la mode internationale, de Stella McCartney à Louis Vuitton. Et n'oubliez pas les fabuleuses friperies qu'on trouve à tous les coins de rue.

Une mode éthique ?

Cela n'est guère étonnant dans ce pays si sensible aux thématiques environnementales : "durable" n'a rien d'un gros mot dans la mode suédoise. Dans ce secteur longtemps marqué par des techniques de fabrication extrêmement polluantes et des pratiques douteuses en matière de droit du travail, plusieurs marques suédoises mettent l'accent sur une production "verte". Pour en savoir plus sur la mode durable, rendez-vous sur le site de la **Sustainable Fashion Academy** (www.sustainablefashionacademy.org), fondation stockholmoise.

Acne Jeans skinny et coolitude irréprochable au succès international. (p. 38)

Marimekko Des motifs pleins de gaieté aux 1 000 déclinaisons, des robes aux accessoires culinaires. (p. 38)

Filippa K Cette valeur sûre pour amateurs de mode pointue a peut-être bien inventé le jean skinny. (p. 39)

Whyred Un style urbain minimaliste qui s'inspire du monde de la musique. (p. 39)

BLK DNM La nouvelle marque du styliste J. Lindeberg. (p. 39)

Fifth Avenue Shoe Repair Ce collectif montant signe une mode ultrabranchée. (p. 39)

WESC Des célébrités du monde entier ont adopté ce streetwear inspiré de l'univers du skate. (p. 39)

PETER FORSBERG / ALAMY ©

À savoir

- **The Wall** (www.elin-kling.com/the-wall). Le site de l'incontournable blogueuse et styliste suédoise Elin Kling.
- **Stockholm Street Style** (www.stockholm-streetstyle.com). La mode telle qu'on la voit dans les rues stockholmoises.
- **Fashion Week de Stockholm** (www.stockholmfashionweek.com). En janvier et en août.

Envie de... Parcs

À tous les coins de rue ou presque, Stockholm dévoile une belle oasis de verdure. La plupart des parcs disposent de bons endroits pour pique-niquer, d'arbres offrant de l'ombre, de jolis bancs et d'aires de jeux pour enfants. Certains ont même un lac, voire une plage, des sentiers de randonnée et même de petits cafés. Alors, comme les Stockholmois, profitez-en.

Pique-nique

Nombre de cafés à Stockholm préparent de parfaits paniers de petit-déjeuner ou de déjeuner à emporter. Sinon, confectionnez vous-même votre pique-nique grâce aux rayons plats cuisinés de nombreux supermarchés, ou approvisionnez-vous dans les grands magasins comme les NK (p. 49), dont l'épicerie fine fournit des produits dignes d'un repas de luxe.

Plages

La baignade est autorisée presque partout à Stockholm dès lors que l'eau est accessible, mais certains coins sont plus propices que d'autres à la baignade. N'hésitez pas à demander (certains habitants partageront volontiers leur plage favorite), ou rendez-vous sur la plage du Rålambshovsparken.

Parcs royaux

Certains espaces verts ont ici une noble histoire, notamment Djurgården, île-jardin fondée et gérée par tout un chapelet de rois de Suède. Mais ces parcs n'ont pas pour autant la grosse tête : tout le monde y est le bienvenu, et les Stockholmois amateurs de jogging, de marche ou de vélo ne s'en privent pas. Et pas d'inquiétude : vous ne risquez plus guère de tomber sur le roi en pleine chasse au chevreuil.

RACHEL LEWIS / GETTY IMAGES ©

Djurgården Cet ancien domaine de chasse royale date du XVe siècle. (p. 50)

Observatorielunden Une oasis de calme et de verdure. (p. 116)

Vasaparken Le poumon vert de Vasastan. (p. 116)

Humlegården Délicieux écrin de verdure de la Bibliothèque royale. (p. 86)

Rålambshovsparken Il renferme une agréable plage de baignade. (p. 107)

Carnet pratique

Carnet pratique

Avant de partir

Quand partir

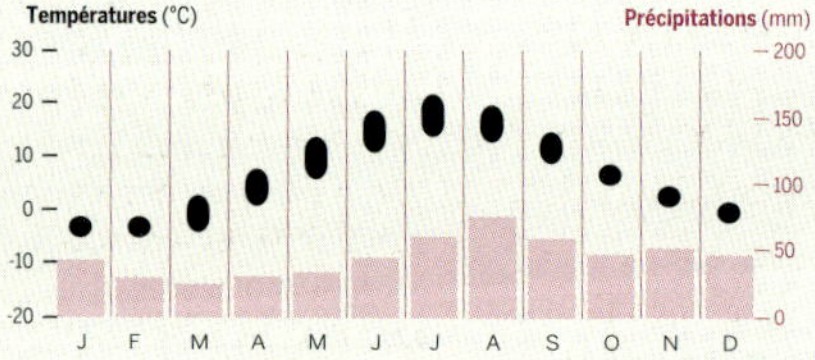

➡ **Haute saison (mi-juin à août)** La saison débute avec les grandes fêtes de la Midsommar (Saint-Jean, solstice d'été) : il fait chaud, la plupart des sites sont ouverts aux visiteurs, excepté certains restaurants et magasins qui prennent quelques semaines de congés annuels. Les tarifs des hôtels sont au plus bas.

➡ **Mi-saison (sept-oct)** La météo reste clémente, pourtant les touristes sont très rares. Les tarifs hôteliers reviennent à la normale.

➡ **Basse saison (nov-mai)** Une vraie féerie hivernale règne sur Stockholm et sa région : au programme, patins à glace, ski et chaleureux marchés de Noël. La plupart des campings et certaines auberges de jeunesse sont fermés.

Hébergement

☑ **Bons plans** De très nombreux hôtels proposent d'importants rabais l'été, les week-ends et sur les réservations en ligne.

➡ Le prix des chambres comprend généralement un copieux buffet de petit-déjeuner.

➡ Accès Wi-Fi généralisé et le plus souvent gratuit.

➡ Parking généralement payant (150-250 Skr).

➡ Les hôtels du centre de Stockholm ont parfois des chambres très exiguës (en particulier les moins chères des établissements de catégorie moyenne).

Sites Internet

Guestroom B&B (www.gastrummet.com). Sélection d'appartements et de chambres d'hôtes.

STF (www.svenskaturist-foreningen.se). Le principal réseau d'auberges de jeunesse.

Airbnb (www.airbnb.fr).

Petits budgets

City Backpackers (www.citybackpackers.org). Sympathique auberge, bien placée près de la Centralstationen, et offrant une excellente gamme de services.

STF Fridhemsplan (www.fridhemsplan.se). Une auberge moderne dotée de superbes installations, de chambres dignes d'un hôtel et de salons chaleureux.

Vandrarhem af Chapman & Skeppsholmen (www.stfchapman.com). Pour dormir sur un navire reconverti, ou bien en dortoir sur la terre ferme.

Catégorie moyenne

Hotel Anno 1647 (www.anno1647.se). Jolies chambres et appétissant buffet de petit-déjeuner pour cet hôtel historique à deux pas de l'artère principale de Södermalm.

Hotel Hansson (www.hotelhansson.se). Hôtel de charme tenu en famille offrant déco ultra-design et buffet de petit-déj gargantuesque.

Hotel Hellsten (www.hellsten.se). L'anthropologue à qui appartient cette adresse adorable a glané les objets fascinants qui la décorent.

Nordic 'C' Hotel (nordicchotel.se). Chambres épurées et soignées et service de qualité, avec en prime un Icebar et l'Arlanda Express à deux pas.

Catégorie supérieure

Grand Hôtel Stockholm (www.grandhotel.se). Célébrités et têtes couronnées dorment ici.

Rival Hotel (www.rival.se). Près du Mariatorget, le charmant hôtel de Benny Andersson (ex-ABBA) file la thématique cinéma des années 1940.

Berns Hotel (www.berns.se). Chambres ultra-stylées et emplacement imbattable pour sortir.

Arriver à Stockholm

☑ **Conseil** Pour trouver comment rejoindre votre hébergement, rendez-vous p. 17.

Aéroport de Stockholm-Arlanda

➡ Les trains **Arlanda Express** (www.arlandaexpress.com ; aller simple 260 Skr), qui relient l'aéroport à la Centralstationen en 20 minutes, circulent de 5h à 0h30 environ toutes les 10-15 minutes (moins souvent après 21h). Pendant la haute saison estivale, l'aller pour 2 adultes est à 280 Skr.

➡ Les bus **Flygbuss** (www.flygbussarna.se) font la navette entre l'aéroport et le centre-ville toutes les 10-15 minutes (119 Skr, 50 minutes), au départ de l'arrêt 11 du Terminal 5. Achetez votre billet dans l'un des guichets automatiques disséminés dans l'aéroport.

➡ En taxi, comptez 45 min et environ 520 Skr.

➡ L'**aéroport de Stockholm-Bromma**, situé à 9 km du centre-ville seulement, dessert principalement la Scandinavie et les pays baltes. L'**aéroport de Skavsta** se trouve à 100 km au sud de la capitale. Des compagnies *low cost* y opèrent.

Depuis la France

➡ **Scandinavian Airline** (www.flysas.com) et **Air**

France (www.airfrance.fr) assurent des vols directs entre Paris et Stockholm plusieurs fois par jour.

➡ **Ryanair** (www.ryanair.com) relie plusieurs fois par semaine Paris-Beauvais à l'aéroport de Skavsta, situé à 100 km au sud du centre de Stockholm. Prenez en compte les temps de trajet en navette, et leur coût, avant de vous décider.

➡ Autre compagnie *low cost*, **Norwegian** (www.norwegian.com) propose une liaison directe par jour depuis Paris, et deux autres vols avec escale.

Depuis la Belgique

➡ **Brussels Airlines** (www.brusselairlines.com) et **Scandinavian Airlines** (www.flysas.com) desservent quotidiennement Stockholm par vol direct.

➡ Les compagnies *low cost* **Malmö Aviation** (www.malmoaviation.se) et **Ryanair** (www.ryanair.com) proposent des vols directs Bruxelles-Stockholm (uniquement l'été avec Ryanair).

Depuis la Suisse

➡ **Swiss** (www.swiss.com) et **Scandinavian Airlines** (www.flysas.com) desservent Stockholm par des vols directs depuis Genève et Zurich.

Depuis le Canada

➡ Il n'existe pas de vols directs entre Montréal et Stockholm. **Air Canada** (www.aircanada.com) et **Air France** (www.airfrance.fr) assurent des vols avec une escale.

Comment circuler

Pour planifier vos trajets, consultez reseplanerare.resrobot.se.

Bateau

☑ **Idéal pour...** Aller de quartier en quartier en appréciant de beaux panoramas.

➡ Accessibles avec les pass SL, les ferries municipaux Djurgårdsfärjan rallient Djurgården (l'été uniquement) et Slussen (toute l'année) toutes les 10 min environ.

➡ Pour en savoir plus sur les bateaux circulant dans l'archipel, rendez-vous p. 122.

Bus

☑ **Idéal pour...** Rallier les quartiers et les

Titres de transport

Les réseaux de *tunnelbana* (T ou T-bana), de trains locaux et de bus sont tous gérés par Storstockholms Lokaltrafik (SL). Les billets et forfaits sont vendus dans les stations de *tunnelbana*, au Cityterminalen et dans les magasins Pressbyrån. Procurez-vous une carte SL rechargeable (20 Skr) sur laquelle vous achèterez des trajets simples ou un accès illimité au réseau. Étudiants et seniors paient moitié prix. Notez qu'aucun billet n'est vendu à bord des bus.

➡ aller simple 25-50 Skr

➡ pass illimité 24 h 115 Skr

➡ pass illimité 72 h 230 Skr

➡ pass 7 jours 300 Skr

sites mal desservis par e *tunnelbana*.

➡ Procurez-vous dans tous es offices du tourisme et agences SL le très pratique *nnerstadsbussar*, le plan des lignes de bus de ville. Aussi consultable en ligne.

➡ Le bus 47 circule de Sergels Torg à Djurgården et le bus 69 va de Centralstationen et Sergels Torg jusqu'aux musées de Ladugårdsgärdet et à Kaknästornet.

➡ Pas de vente à bord.

Taxi

☑ **Idéal pour...** Se déplacer la nuit et depuis/vers l'aéroport.

➡ On trouve facilement des taxis, mais cela evient cher : vérifiez qu'il y a bien un compteur ou mettez-vous d'accord à avance sur le prix.

➡ Comptez environ 45 Skr pour la prise en charge, puis 10 à 13 Skr par kilomètre.

➡ Le soir, certains taxis proposent le *tjejtaxa*, n tarif réduit pour les emmes voyageant seules.

➡ Préférez les compagnies la réputation établie, omme **Taxi Stockholm** (✆15 00 00 ; www.taxistockholm.se), **Taxi 020** (✆020-20 20 20 ; www.taxi020.se) et **Taxi Kurir** (✆0771-86 00 00 ; www.taxikurir.se).

Tramway

☑ **Idéal pour...** Visiter les musées de Djurgården.

➡ Les tramways historiques de la ligne 7 (et leurs cousins ultramodernes) relient Norrmalmstorg aux sites de Djurgården.

➡ Inclus dans les pass SL.

Tunnelbana (métro)

☑ **Idéal pour...** Se déplacer rapidement dans le centre-ville.

➡ C'est le transport le plus pratique à Stockholm. Il est géré par **Storstockholms Lokaltrafik** (SL ; ✆08-600 10 00 ; www.sl.se ; Centralstationen, Sergels Torg).

➡ Les lignes de *tunnelbana* se croisent à la station T-Centralen, reliée par des passages souterrains à la Centralstationen (ainsi qu'à la Cityterminalen, la principale gare routière).

Vélo

☑ **Idéal pour...** Explorer Djurgården et aller plus loin en suivant les pistes cyclables.

➡ Seuls les vélos pliants sont autorisés à bord des trains locaux, comme "bagages à main".

➡ Ils sont prohibés dans la Centralstationen et à bord du *tunnelbana*.

➡ **Stockholm City Bikes** (www.citybikes.se) est un service de vélos en libre-service : location jusqu'à 3 heures d'affilée, et retour à n'importe quelle borne. Cartes vendues en ligne et à l'office du tourisme : forfait 3 jours à 165 Skr, forfait saisonnier (avril-octobre) à 300 Skr.

Voiture et moto

☑ **Idéal pour...** Sortir de la ville.

➡ Les loueurs de voitures sont très nombreux aux abords de la Centralstationen et à l'aéroport d'Arlanda.

➡ Entre les nombreux sens uniques, les ponts embouteillés et la pénurie de stationnements, la conduite est déconseillée dans le centre de Stockholm.

➡ Djurgårdsvägen est fermée à hauteur de Skansen la nuit, les week-ends d'été et lors de certaines fêtes et vacances.

Infos pratiques

Astuces pour dépenser moins

- Réservez à l'avance, sur Internet, vos hôtels et vos déplacements en Suède.
- Les tarifs des hôtels sont généralement multipliés par deux en dehors de la brève saison estivale (mi-juin à août).
- Comme les Suédois, faites du déjeuner votre principal repas de la journée : la *dagens rätt*, la formule du midi, est souvent d'un excellent rapport qualité/prix, jusque dans les meilleurs restaurants (85-125 Skr).

Argent

Monnaie

La monnaie nationale est la couronne suédoise (Skr). Une krona équivaut à 100 öre. Il existe des pièces de 1, 2, 5 et 10 Skr ainsi que des billets de 20, 50, 100, 500 et 1 000 Skr. Un euro équivaut à environ 9,5 Skr selon le taux de change.

DAB et cartes bancaires

La plupart des banques disposent de DAB accessibles 24h/24 acceptant les cartes Visa, MasterCard, Cirrus et Plus. Celles-ci sont couramment acceptées en Suède (les American Express et Diners Club le sont moins). Un supplément (jusqu'à 3,75%) s'applique souvent aux transactions avec des cartes étrangères

Cartes de réduction

- **Stockholm Card** (www.visitstockholm.com). Offre la gratuité dans 80 musées et sites et dans les transports du réseau SL, une croisière et plusieurs circuits guidés. Forfaits adulte pour 24/48/72/120 heures à 525/675/825/1095 Skr ; les enfants (4-17 ans) accompagnés d'un adulte paient 235/275/315/350 Skr. Cartes vendues en ligne, dans les offices du tourisme et musées, ainsi que dans certains hôtels.
- **Destination Stockholm** (☎ 08-663 00 80 ; www.destination-stockholm.com). Transports sur le réseau SL, visites de la ville et entrée dans 75 sites et musées. Proposée en cartes 2/3/4 jours à 695/845/985 Skr (les 6-15 ans paient demi-tarif). Achetez-la en ligne pour la recevoir par courrier chez vous ou bien la retirer sur place. Le site Internet possède un moteur de recherche hôtelière qui réunit une quarantaine d'établissements (pour beaucoup situés en banlieue ou excentrés),

Électricité

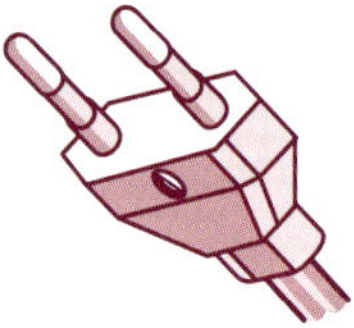

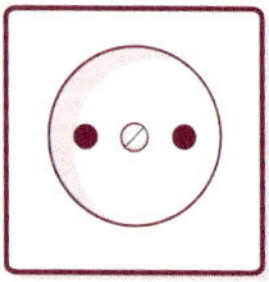

230 V/50 Hz

Formalités et visas

- Les ressortissants de l'Union européenne et des pays membres de l'espace Schengen (dont la Suisse) n'ont pas besoin de visa.

- Les ressortissants canadiens doivent être en possession d'un passeport en cours de validité, mais sont dispensés de visa pour les séjours touristiques inférieurs à trois mois.

Handicapés

- La Suède est l'un des pays les plus faciles à visiter pour les personnes à mobilité réduite. Des trains aux taxis, les voyageurs handicapés trouveront des transports accessibles : contactez l'opérateur à l'avance pour optimiser votre voyage.
- Les toilettes publiques et la plupart des chambres d'hôtels sont également accessibles ; **Hotels in Sweden** (www.hotelsinsweden.net) recense les établissements possédant des chambres adaptées.
- Pour plus de renseignements, contactez **De Handikappades Riksförbund** (☎ 08-685 80 00 ; www.dhr.se), association nationale des handicapés.

Heures d'ouverture

☑ **Conseil** De nombreux restaurants et certains magasins prennent leurs congés annuels en juillet-août, comme les Suédois en général : renseignez-vous pour ne pas avoir de mauvaises surprises.

Les horaires ci-dessous sont valables pour la haute saison (mi-juin à août). Ils sont souvent plus restreints le reste de l'année. Nous ne précisons les horaires adresse par adresse que s'ils diffèrent sensiblement de ceux-ci.

- **Banques** Lun-ven 9h30-17h
- **Bars** De 11h-12h à 1h-2h
- **Services officiels** Lun-ven 9h-17h
- **Restaurants** Service du midi 11h-14h, soir 17h-22h ; nombreuses fermetures les dimanche et/ou lundi
- **Commerces** Lun-ven 10h-18h, sam 10h-13h

Jours fériés

☑ **Conseil** Si vous visitez Stockholm en haute saison, notez que tout (ou presque) s'arrête durant les trois jours de célébrations du Midsommar, y compris de nombreux services touristiques : les transports sont réduits, la plupart des magasins et offices du tourisme fermés, et musées et sites se parent de pancartes *stängt* (fermé).

Sans être fériées, la Midsommarafton (veille de la Saint-Jean, fin juin), la Julafton (veille de Noël, le 24 décembre) et la Nyårsafton (Saint-Sylvestre, le 31 décembre) sont chômées par une grande partie de la population.

Nyårsdag (Nouvel An) 1er janvier

Trettondedag Jul (Épiphanie) 6 janvier

Långfredag, Påsk, Annandag Påsk (Vendredi saint,

Pas d'impair !

Soignez vos pieds Invité dans un foyer suédois ? Sachez qu'il vous faudra vous déchausser à l'entrée.

Grandes occasions Ne commencez pas à boire ou à manger avant que votre hôte vous y ait invité.

dimanche et lundi de Pâques) mars/avril

Första Maj (fête du Travail) 1er mai

Kristi Himmelsfärds dag (Ascension) mai-juin

Pingst, Annandag Pingst (dimanche et lundi de Pentecôte) fin mai-début juin

Midsommardag (Saint-Jean, solstice d'été) le samedi entre les 19 et 25 juin

Alla Helgons dag (Toussaint) un samedi fin octobre ou début novembre

Juldag (Noël) 25 décembre

Annandag Jul (lendemain de Noël) 26 décembre

Offices du tourisme

Centre d'information touristique de Stockholm (☎08-50 82 85 08 ; www.visitstockholm.com ; Kulturhuset, Sergels Torg 3 ; ⏰9h-19h lun-ven, jusqu'à 18h l'hiver, 9h-16h sam, 10h-16h dim ; Ⓜ T-Centralen). La principale antenne se trouve dans la Kulturhuset, sur Sergels Torg.

Visit Djurgården (☎08-667 77 01 ; www.visitdjurgarden.se ; Djurgårdsvägen 2 ; ⏰9h-17h lun-ven). Cet office du tourisme dédié à Djurgården se trouve au pied du pont de Djurgården et jouxte le **Sjöcaféet** (☎08-660 57 57 ; www.sjocafeet.se ; ⏰9h-21h avr-sept ; 🚋7) : parfait pour se restaurer tout en planifiant ses visites.

Téléphone

Les rares cabines téléphoniques publiques encore en service ne fonctionnent pas avec des pièces, mais avec des cartes prépayées (vendues chez les marchands de journaux).

Téléphones portables

➡ Vous pouvez acheter sur place une carte SIM à insérer dans votre portable, ce qui vous évitera d'exorbitants frais d'itinérance. Les cartes SIM sont vendues partout (autour de 95 Skr), et à recharger (minimum 100 Skr).

➡ Vérifiez avant de partir, auprès de votre opérateur, si votre portable fonctionne sur les réseaux étrangers. Il suffit souvent d'une simple opération pour le débloquer.

Indicatifs

Appels internationaux Composez le ☎00 + indicatif pays + indicatif régional + numéro de téléphone.

Appels vers la Suède Composez le ☎46 + indicatif régional (sans le 1er zéro) + numéro de téléphone.

Appels en Suède Composez toujours l'indicatif régional.

Numéros utiles

Renseignements internationaux (☎118, ☎119)

Renseignements en Suède (☎118)

Urgences (☎112)

Toilettes

Vous trouverez des toilettes gratuites dans la plupart des musées et offices du tourisme. Ailleurs, les W-C publics sont généralement payants (5 à 10 Skr, souvent en pièces uniquement).

Urgences

☎112

Langue

Le suédois est une langue scandinave proche du danois et du norvégien. C'est la langue officielle de la Suède, parlée par la majorité des habitants (environ 8,5 millions).
La prononciation du suédois n'est pas si différente du français. Exception notable, les r légèrement roulés et le son que nous retranscrivons ici par la combinaison *sh* qui s'assimile à la *jota* espagnole, souvent difficile à prononcer pour les francophones. Les voyelles sont courtes si elles sont suivies d'une consonne redoublée, sinon, elles sont longues. Voici quelques précisions : le *a* se prononce *a* lorsqu'il est long, *eu* lorsqu'il est court, le *u* et le *o* se prononcent comme le *ou* de "boule" lorsqu'ils sont longs et comme le *o* de "porte" lorsqu'ils sont courts. Le *å* se prononce comme le *o* de "porte", le *e* comme le è de "père", le *ä* comme le è de "prophète", le *ö* comme le *eu* de "beurre", le *y* comme le *u* de "jupe". Les consonnes se prononcent presque comme en français. Les combinaisons suivantes sont toutefois spécifiques au suédois : le *c* se prononce comme *s*, le *ck* comme un double *k*, le *lj* et le *rs* comme le *ch* de "chat", le *sj* et le *ch* comme la *jota* espagnole, le *g* comme le *g* de "gâteau" et devant *e*, *i*, *y*, *ä* et *ö* comme le *y* de "yaourt" et *lj* comme le *y* de "yaourt".

Conversation de base

Bonjour. *Hej.* hé
Au revoir. *Hej då.* hé do
Oui. *Ja.* yâ
Non. *Nej.* né
S'il vous plaît. *Tack.* tak

Merci (beaucoup).
Tack (så mycket) tak (so *mu*·kè)
Je vous en prie/De rien.
Varsågod. var·sho·*goud*
Excusez-moi.
Ursäkta mig. our·*shek*·ta mé
Désolé(e). *Förlåt.* feur·*lot*
Comment allez-vous ?
Hur mår du? hur mor dou
Bien, merci. Et vous ?
Bra, tack. Och dig? bra tak o dé
Comment vous appelez-vous ?
Vad heter du? vaad *hè*·ter du
Je m'appelle...
Jag heter... yâ *hé*·ter
Parlez-vous anglais/français ?
Talar du engelska/franska?
ta·lar du *eng*·el·ska/ *fran*·ska
Je ne comprends pas.
Jag förstår inte. yâ feur·*shtor in*·te

Au restaurant

Que recommandez-vous ?
Vad skulle ni rekommendera?
vaad *sku*·le nee *re*·ko·men·*dé*·*ra*
Servez-vous des plats végétariens ?
Har ni vegetarisk mat?
har ni ve·gue·*taa*·risk maat
Je vais prendre...
Jag vill ha ... yâ vil haa ...
Santé ! *Skål!* skol
Je voudrais...
Jag skulle vilja ha...
yâ *sku*·le *vil*·ya haa...
l'addition
räkningen *rèk*·ning·en
la carte des boissons
drickslistan *driks*·lis·tan

menu
menyn — me·*nun*

Urgences

Au secours !
Hjälp! — yelp

Laissez-moi tranquille !
Försvinn! — feur·*shvin*

Appelez... !
Ring...! — ring ...

un docteur
efter en doktor — *ef*·ter en *dok*·tor

la police
polisen — poh·*li*·sen

Je suis perdu(e).
Jag har gått vilse. — yâ har got *vil*·se

Je suis malade.
Jag är sjuk. — yâ èr rhuk

Où sont les toilettes ?
Var är toaletten?
var èr toh·aa·*le*·ten

Transports et directions

Où se trouve... ?
Var ligger...? — *var li*·yèr...

la banque
banken — *ban*·ken

le bureau de poste
posten — *pos*·ten

l'office du tourisme
turistinformationen
tu·*rist*·in·for ma·*rhoh*·nen

Je voudrais un... (pour Stockholm) s'il vous plaît.
Jag skulle vilja ha en... (till Stockholm).
yâ *sku*·le *vil*·ya haa èn... (til *stok*·holm)

aller simple
enkelbiljett — *en*·kel·bil·*yet*

aller-retour
returbiljett — re·*tur*·bil·*yet*

À quelle heure part le train/bus ?
När avgår tåget/bussen?
nèr *âv*·gor *to*·guèt/*bu*·sen

Pouvez-vous vous arrêter ici ?
Kan du stanna här?
kan du *sta*·na hèr

Commerce et services

Je cherche...
Jag letar efter... — yâ *lè*·tar *ef*·ter

Combien ça coûte ?
Hur mycket kostar det?
hur *mu*·ke *kos*·tar dé

Heures et nombres

Quelle heure est-il
Hur mycket är klockan?
hur *mu*·ke èr *klo*·kan

Il est (deux) heures.
Klockan är (två). — *klo*·kan èr (tvo)

dans la matinée
på förmiddagen
po *feur*·mi·dâ·guen

dans l'après-midi
på eftermiddagen
po *ef*·ter·mi·dâ·guen

hier	*igår*	i·*gor*
demain	*imorgon*	i·*mor*·ron

1	*ett*	et
2	*två*	tvo
3	*tre*	trè
4	*fyra*	*fu*·ra
5	*fem*	fem
6	*sex*	seks
7	*sju*	rhu
8	*åtta*	*o*·ta
9	*nio*	*ni*·oh
10	*tio*	*ti*·oh
100	*ett hundra*	et *hun*·dra
1 000	*ett tusen*	et *tu*·sen

En coulisses

Vos réactions ?

Vos commentaires nous sont très précieux pour améliorer nos guides. Notre équipe lit vos lettres avec la plus grande attention et prend en compte vos remarques pour les prochaines mises à jour. Pour nous faire part de vos réactions, consultez notre site Web : **www.lonelyplanet.fr**

Nous reprenons parfois des extraits de notre courrier pour les publier dans nos guides ou sites Web. Si vous ne souhaitez pas que vos commentaires soient repris ou que votre nom apparaisse, merci de nous le préciser. Pour connaître notre politique en matière de confidentialité, connectez-vous à : www.lonelyplanet.fr/confidentialite/index.cfm

À nos lecteurs

Un grand merci à ceux qui ont utilisé la précédente édition de ce guide et ont pris la peine de nous écrire :

Eric Chun, Laetitia Comet, Caroline Doé, Hélène Gibaud, Mathilde Hervé, Sophie Kessler, Maxime Letertre, Philomène Martinelli et Isabelle Niang

Un mot de l'auteur

Je remercie l'excellent compagnon de voyage qu'a été mon papa, Joel Ohlsen, durant la majeure partie de mon périple (l'archipel de Stockholm) – il m'a même, un peu à contrecœur, laissé planifier tout notre itinéraire ! Merci aussi à mon éditrice Gemma Graham, avec qui il est si agréable de travailler, et à l'équipe SPP pour son aide bien au-delà de ses attributions. Un whisky-soda et des bises à Travis Gardner pour avoir, en mon absence, maintenu en vie mon chat et mes plants de tomates.

Crédits photographiques

Photo de couverture : au bord d'un étang à Stockholm, Anders Tukler/Getty Images.

À propos de cet ouvrage

Cette 2e édition française de *Stockholm En quelques jours* est une traduction-adaptation de la 3e édition de *Pocket Stockholm*, rédigée par Becky Ohlsen.

L'édition précédente était l'œuvre de Cristian Bonetto.

Traduction Marine Héligon et Julie Marcot

Direction éditoriale Didier Férat

Coordination éditoriale Océane Monange

Responsable prépresse Jean-Noël Doan

Maquette Laurence Tixier

Cartographie Cartes originales adaptées en français par Caro Sahanouk

Couverture Adaptée en français par Annabelle Henry

Merci à Sylvie Rabuel pour sa relecture attentive du texte.

Index

Voir aussi les index des rubriques :

Se restaurer p. 158
Prendre un verre p. 159
Sortir p. 159
Shopping p. 159

Références des **sites**
Références des **cartes**

Références des **sites**
Références des **cartes**

Se restaurer

L'auteur

Becky Ohlsen

À chaque nouveau séjour à Stockholm, Becky fait une découverte. Cette fois, ce fut la meilleure brioche à la cardamome de la planète, dénichée dans une boulangerie bio d'une île perdue dans l'archipel de Stockholm. Amoureuse indécrottable de la capitale suédoise, Becky y a passé assez de temps pour savoir où trouver des toilettes publiques gratuites, mais manifestement pas assez pour se forger un sens de la mode digne d'un Stockholmois – la prochaine fois, peut-être ? Bien qu'elle ait grandi dans les montagnes du Colorado, Becky connaît depuis l'âge le plus tendre la Suède où elle rendait visite à sa famille suédoise, notamment à ses grands-parents. Nul ne s'étonnera donc qu'un *snaps* bien frappé ou une crème glacée au safran suffise à la corrompre. Pour faire plus ample connaissance avec elle, consultez la page auth.lonelyplanet.com/profiles/BeckyOhlsen (en anglais).

Stockholm en quelques jours
2e édition
Traduit et adapté de l'ouvrage *Pocket Stockholm, 3rd Edition, April 2015*

Dépôt légal Mai 2015
ISBN 978-2-81614-834-3
Imprimé par L.E.G.O. Spa (Legatoria Editoriale Giovanni Olivotto), Italie
Réimpression 02, mars 2016

En Voyage Éditions | un département place des éditeurs